U0955668

新时代“三农”问题研究丛书

农民工主观幸福感的测度及其影响因素研究

张经纬　丁士军　陈玉萍◎著

西南财经大学出版社
Southwestern University of Finance & Economics Press
中国·成都

图书在版编目(CIP)数据

农民工主观幸福感的测度及其影响因素研究/张经纬,丁士军,陈玉萍著.—成都:西南财经大学出版社,2022.4
ISBN 978-7-5504-5291-6

Ⅰ.①农… Ⅱ.①张…②丁…③陈… Ⅲ.①民工—幸福—影响因素—研究—中国 Ⅳ.①D668

中国版本图书馆 CIP 数据核字(2022)第 044104 号

农民工主观幸福感的测度及其影响因素研究

NONGMINGONG ZHUGUAN XINGFUGAN DE CEDU JI QI YINGXIANG YINSU YANJIU

张经纬 丁士军 陈玉萍 著

策划编辑:王琴
责任编辑:王琴
责任校对:李建蓉
封面设计:何东琳设计工作室
责任印制:朱曼丽

出版发行	西南财经大学出版社(四川省成都市光华村街 55 号)
网 址	http://cbs.swufe.edu.cn
电子邮件	bookcj@swufe.edu.cn
邮政编码	610074
电 话	028-87353785
照 排	四川胜翔数码印务设计有限公司
印 刷	四川五洲彩印有限责任公司
成品尺寸	170mm×240mm
印 张	10.75
字 数	207 千字
版 次	2022 年 4 月第 1 版
印 次	2022 年 4 月第 1 次印刷
书 号	ISBN 978-7-5504-5291-6
定 价	89.00 元

1. 版权所有,翻印必究。
2. 如有印刷、装订等差错,可向本社营销部调换。

作者简介

张经纬，男，广东佛山人，中南财经政法大学工商管理学院博士研究生；研究方向为农民工生计，以农民工主观幸福感为主题在《华中农业大学学报（社会科学版）》发表论文1篇。

丁士军，男，湖北天门人，博士，中南财经政法大学工商管理学院二级教授，博士生导师；1999年毕业于华中农业大学，获得博士学位，2003—2004年赴泰国朱拉隆功大学进修，2004—2005年赴英国萨塞克斯大学进修；世界银行能源与贫困项目顾问、中国农村合作经济管理学会理事、中国注册会计师协会会员，入选教育部新世纪优秀人才支持计划与湖北省新世纪高层次人才工程支持计划；研究方向为农户经济分析、农村贫困分析；先后主持4项国家自然科学基金项目、多项省部级项目和国际合作研究项目；20多次出国从事合作研究和参加学术会议；获湖北省社会科学优秀成果二等奖；在国内外专业学术杂志发表论文100余篇。

陈玉萍，女，安徽马鞍山人，博士，中南财经政法大学工商管理学院教授，博士生导师；1992年毕业于华中农业大学，获得博士学位，1998—1999年赴波兰波兹南大学留学，2004—2005年赴英国萨塞克斯大学进修；曾受聘于联合国开发计划署，作为农业专家在中国偏远贫困山区从事了一年的农业技术扶贫工作；主持多项国家社科基金项目、省部级科学研究项目以及国际合作科学研究项目；研究方向为农户技术采用、农村贫困等；先后获得教育部高等学校科学研究优秀成果（人文社会科学）三等奖和湖北省社会科学优秀成果三等奖；在国内外专业学术杂志发表论文100余篇。

前　言

人类的发展历程也是其追求幸福的历程。党的十九大报告指出："中国特色社会主义进入新时代，我国社会主要矛盾已经转化为人民日益增长的美好生活需要和不平衡不充分的发展之间的矛盾。"人民对幸福的定义不再局限于解决温饱问题，而是包含了满足精神需要、实现个人身心全面发展等更多样、更高级的内容。改革开放以来，我国经济社会快速发展，大量农民工流入城市，为国家现代化建设做出巨大贡献。国家统计局相关数据显示，2020 年我国农民工总量为 28 560 万人，其中外出农民工 16 959 万人、本地农民工 11 601 万人。习近平总书记多次强调，要不断增强人民的获得感、幸福感、安全感。农民工作为城市中的弱势群体，其主观幸福感与我国民生工作密切相关。解决农民工这一庞大群体在城市化过程中面临的住房、就业、"时间荒"等问题，能够提升农民工主观幸福感，对我国实现第二个百年奋斗目标具有助推作用。

长期以来，学术界对幸福感的测量、影响因素与内在机制展开了多学科、多层次的广泛研究，已对其内涵及外延形成了较为充分的认识，但对主观幸福感测度方法及部分因素的影响作用尚未达成共识。经济学、社会学领域多数研究使用单一维度的自陈量表测度人们的主观幸福感，但测度结果难以保证精度。本书在国家自然科学基金项目"新型城镇化背景下进城农民工家庭生计转型：基于可持续生计框架"（项目编号：71673303）和国家社会科学基金项目"相对贫困多维识别和协同治理长效机制研究"（项目编号：20BGL249）的资助下，尝试利用 2017 年中国综合社会调查（Chinese General Social Survey，CGSS）数据，从主观幸福感的基本内涵出发，在邢占军（2003，2005）编制的中国城市居民主观幸福感量表基础上考虑数据的可获得性，设置了 3 个维度、10 个指标，并采取等权重赋值的方式测度农民工主观幸福感。进一步地，本书从时间约束条件出发，首先利用时间配置模型中的时间三分法将农民工的活动时间分为工作时间、家务时间与休闲时间三部分，并在上述活动时间的划分结果基础上考虑遗漏变量等情况，引入就业质量的概念；其次通过构建模型探讨各类活动时间对农民工主观幸福感的影响及相关的内在机制；最后针对理论与实证结果提出相应的政策建议。本书的主要内容包括如下几个部分：

第一章为导论部分，介绍研究背景与研究意义，提出问题，明确研究的目标、内容与思路，并对本书所采用的方法与数据进行必要的说明，指出本书的创新点与不足之处。

第二章对农民工、主观幸福感、活动时间、就业质量等核心概念进行界定，介绍了基数效用理论、序数效用理论、劳动供给理论与时间配置模型等基础理论，并从不同层面、不同研究对象的视角出发，梳理了主观幸福感相关研究进展。

第三章把可能影响农民工主观幸福感的因素分为就业因素与闲暇因素。在就业因素方面，本书引入就业质量这一概念，以缓解遗漏变量带来的内生性问题，并且为探讨农民工工作收入、工作时间与主观幸福感的关系提供条件；闲暇因素则细分为家务时间与休闲时间。本章运用劳动供给理论、时间三分法的时间配置模型等基础理论，阐释上述因素对农民工主观幸福感的影响及作用机制。

第四章测度了农民工主观幸福感状况，并对测度结果进行描述。本章首先构建农民工主观幸福感测度体系框架，对农民工主观幸福感进行测度；其次按照农民工个体特征与区域特征，分别描述在同一主观幸福感水平下，各指标的测度结果以及农民工样本的分布规律，对比、归纳不同个体特征与区域特征农民工主观幸福感的差异。

第五章基于时间配置模型对农民工主观幸福感影响因素的划分结果，选取合适的被解释变量与解释变量，构建计量模型，并分别讨论就业因素与闲暇因素对农民工主观幸福感的影响。就业因素方面，本书从工作回报、工作强度、工作自主性、工作保障以及工作类型五个维度来衡量农民工就业质量，并将其作为计量模型的核心解释变量，考察了就业质量对农民工主观幸福感的主效应以及效应的异质性。休闲因素方面，本书将家务时间和休闲时间两个方面作为计量模型的核心解释变量维度，将休闲时间进一步细化为社交/串门时间、学习时间与休息放松时间。考虑到数据的可获得性，本书以农民工从事闲暇活动的频率作为闲暇时间的代理变量。在考察家务时间、休闲时间对农民工主观幸福感的主效应与效应异质性的同时，对可能存在的调节效应与中介效应进行检验。研究发现，提高农民工工作收入与工作稳定性、合理缩减工作时间、提供基本保险能够显著有效地提高农民工的主观幸福感；当前农民工群体不存在“幸福悖论”现象，“收入拐点”假说一定程度解释了农民工群体不存在“幸福悖论”的原因；工作时间及多数闲暇活动时间与主观幸福感存在非线性关系。

第六章构建计量模型，考察了工作时间、家务时间与休闲时间对农民工主观幸福感的作用机制。计量模型的回归结果表明：工作收入调节了农民工工作时间对主观幸福感的影响，而农民工相对资源的数量调节了家务时间对主观幸福感的影响；对农民工群体而言，工作收入无法在休闲时间与主观幸福感的关系影响中起到中介作用，这说明农民工群体的休闲时间并非通过改善工作效率来提升主观幸福感。

第七章为结论与政策建议。本书得出如下结论：

第一，主观幸福感测度结果显示：个体特征方面，男性、已婚、新生代的农民工的主观幸福感水平较高；区域特征方面，农民工主观幸福感水平呈“东高西低”的态势。

第二，当前我国农民工不存在“幸福悖论”现象，“收入拐点”假设一定程度解释了上述现象。

第三，农民工就业质量与活动时间的多个维度与主观幸福感密切相关；农民工多数活动时间与主观幸福感存在 U 形或倒 U 形关系，且具有性别、婚姻状况、代际的异质性。

第四，农民工的工作收入调节了工作时长与主观幸福感的关系，农民工工作收入既干预了工作时间与主观幸福感的“倒 U 形”曲线的开口大小，又干预了该曲线对称轴在图像中的位置；相对资源的数量调节了农民工部分家务时间与主观幸福感的关系，并说明家务活动具有供给价格弹性特征。上述两种调节作用具有性别、婚姻状况与代际的异质性。休闲之所以能够提升农民工的主观幸福感，并不是因为休闲提高了农民工的生产效率以及增加了工作收入，而是其提升了农民工主观幸福感中的健康体验与发展体验的水平。

本书围绕农民工主观幸福感的测度与影响因素展开研究，其创新点如下：

第一，指标体系方面。本书参照邢占军（2003，2005）的中国城市居民主观幸福感量表，构建了农民工主观幸福感测度体系。相比于以往的农民工主观幸福感测度方法，本书构建的测度指标体系既提高了测度的精度，又保证了数据采集的便捷可行性。

第二，研究视角方面。相比于其他群体，尽管近几年围绕农民工展开的主观幸福感研究逐渐兴起，但研究成果在数量上仍有所不足。农民工是一个庞大但在社会中普遍处于劣势的群体，测度其主观幸福感并探讨相关影响因素有助于进一步巩固我国建设小康所取得的成果。

第三，研究结果方面。已有的研究通常认为，人们的工作或闲暇时间与主观幸福感具有线性关系。本书考虑到农民工就业的不稳定性，指出农民工的工作时间、部分家务时间和休闲时间与主观幸福感呈非线性关系，实证结果证明了上述论点，可视作对已有研究的适度修正。

本书仍存在一定的不足之处：

第一，农民工主观幸福感测度指标体系仍需完善。尽管本书构建了农民工主观幸福感多维指标测度体系，但与实现测度指标体系与农民工的生活内容高度契合仍有一定的距离；采取的指标权重赋值法弱化了各指标对主观幸福感贡献的差别。因此，本书构建的农民工主观幸福感测度指标体系的科学性还需要进一步论证。

第二，本书使用的数据限制了研究内容的进一步拓展。本书借鉴了邢占军编制的中国城市居民主观幸福感量表，采用了中国人民大学调查与数据中心负责执行的2017年中国综合社会调查数据，试图构建农民工主观幸福感测度指标。但囿于参考量表的测度问题众多、调查数据存在大量缺失的情况，研究最终以10个测度指标构建农民工主观幸福感测度体系，这可能会造成测量结果的偏误。此外，囿于数据缺失以及对农民工群体的甄别难度，样本数量远低于原始数据的样本数量，这使研究结论的可靠性在一定程度上受到限制。

张经伟

2022年1月

目　录

第一章　导论

第一节　研究背景和意义

一、研究背景

人类社会的发展过程是一个追求幸福的过程，正如英国哲学家、经济学家大卫·休谟（David Hume）所言：“一切人类努力的伟大目标在于获得幸福”。改革开放以来，中国的社会经济发展发生了巨大的变化：2010 年中国成为世界第二大经济体，社会财富迅速积累，人们的物质生活在一定程度上得到了满足；自 2013 年实行精准扶贫政策起，每年有大量贫困人口实现脱贫，并且于 2020 年消除绝对贫困。以上成就说明，改革开放 40 多年以来，人们的生活水平得到显著提高，但与实现共同富裕的目标相比仍然有一定的距离。习近平总书记在党的十九大报告中指出，中国特色社会主义进入新时代，我国社会主要矛盾已经转化为人民日益增长的美好生活需要和不平衡不充分的发展之间的矛盾。一系列与收入、就业、医疗等有关的发展不平衡不充分问题引发了社会的讨论，人们所关注的领域从原来的物质财富增长逐渐扩展到自身乃至全社会的福祉。学术界与政府均意识到，人们的幸福水平必定取代“唯 GDP 论”，成为衡量一个地区经济社会发展水平的重要依据。

在改革开放的时代背景以及城乡二元经济结构背景下，大量农村人口为了维持生活与实现个人、家庭的发展，进入城镇成为农民工。《2020 年农民工监测调查报告》显示，2020 年全国农民工总量为 28 560 万人，其中外出农民工 16 959 万人、本地农民工 11 601 万人①。农民工为国家城市建设做出了不可忽

① 国家统计局. 2020 年农民工监测调查报告[EB/OL].(2021-04-30)[2021-11-01].http://www.gov.cn/shuju/2021-04/30/content_5604232. htm.

视的贡献，其收入相比于以往有了一定程度的增长。然而多年来，农民工的生活水平、社会地位与城市经济发展水平不匹配，始终是城市中人口数量庞大却长期处于弱势的群体。在城市，农民工为了维持生计，不得不投入大量的时间到工作中，使得以身心健康为代表的个体福祉遭受损害，这一状况随着经济社会的发展有加剧之势。

习近平总书记在党的十九大报告中除了强调中国社会的主要矛盾，还强调了要使人民获得感、幸福感、安全感更加充实、更有保障、更可持续。幸福感是一个丰富而复杂的内涵，西方文明在两千多年前就开始对幸福的内涵展开研究，中国古代文化中尽管没有“幸福”之说，但儒道思想多处体现与其相关的幸福观。新古典经济学常以“效用水平”衡量幸福，然而效用是一个难以准确度量的概念。在工业革命使人们物质生活得到极大丰富的背景下，财富成为度量效用乃至幸福的工具。自“幸福悖论”提出以来，以物质财富衡量幸福的方式受到了质疑，学术界重新审视“幸福”，包括探寻新的幸福测量方法，完善相关的理论与实证基础以解决“幸福悖论”问题。幸福研究是学术界的重点研究领域，当前存在理论基础不完善、研究视角与研究方法单一、研究对象不充分等不足之处。相比于国外，中国开展幸福研究相对较晚，研究深度与广度仍有较大的提升空间。

在“以人为本”的发展理念下，农民工的主观幸福感是事关人民福祉的重要问题。为此，本书拟解决的问题主要包含以下五个方面：①应基于什么样的理论或实践经验以测度农民工主观幸福感？②农民工主观幸福感具有什么样的特征？③农民工主观幸福感是否存在“幸福悖论”？其原因是什么？④分别从理论与实证角度看，时间配置与其他相关因素如何影响农民工的主观幸福感？⑤应该制定什么样的政策以提高农民工主观幸福感？本书将通过理论分析与实证分析逐一回答上述问题，为更好地提升农民工主观幸福感提供政策依据。

二、研究意义

近半个世纪以来，对幸福的研究逐渐成为学术界研究的热点和难点，心理学、经济学、社会学的学者们尝试从各自的学科视角出发探讨幸福。围绕幸福展开的研究通常可分为两条路线：以客观指标为基石的幸福指数研究与主观幸福感研究。幸福指数研究的内容主要是制定能够良好反映民众客观满足程度的指标；主观幸福感研究的内容可分为主观幸福感测度研究与主观幸福感影响因素研究。主观幸福感是一种主观感受，不同的个人、群体甚至学科对幸福的理解并不完全相同，因此学术界尚未统一形成测度主观幸福感的方法。当前，学术界对幸福感的测度研究以制定幸福指数为主，测度主观幸福感仍然以单项量表作为主流手段。然而，仅仅依据单个问题测量被试者的主观幸福感容易受多种因素的干扰，从而造成较大的测量误差。此外，受研究数据、研究方法等限制，主观幸福感研究结论可能存在矛盾之处，这也折射出当前幸福研究不充分的现象。

国内的幸福研究对象按地域可分为全体国民、城市或农村居民；按职业可分为企业职工、高等院校或中小学的教师、学生等，围绕农民工展开的主观幸福感研究比较匮乏。此外，大多数的主观幸福感影响因素研究只针对一两个方面的因素展开分析，使有关的影响因素研究缺乏系统性。时间作为一种容易被大众忽视的资源，其配置方式对个体福祉的影响尚未明晰。随着我国经济与社会的发展，农民工收入与闲暇时间的矛盾愈发明显，解决农民工工作与闲暇的矛盾对提高该群体的主观幸福感具有重要的现实意义。鉴于此，本书拟采用中国综合社会调查数据，从主观幸福感的内涵出发，借鉴邢占军（2003，2005）设计的量表以确定农民工主观幸福感的测度指标；从个体层面、区域层面分析农民工主观幸福感测度结果；在时间约束条件下综合利用心理学、经济学、社会学等有关理论并结合计量模型，分析影响农民工主观幸福感的因素，探讨相关影响机制，提出改善农民工主观幸福感的政策建议。

第二节　研究目标和内容

一、研究目标

本书以农民工作为研究对象，利用 CGSS2017 年的调查数据，采用文献研究和定性与定量相结合的研究方法，围绕农民工主观幸福感这一主题进行分析，构建时间约束条件下的农民工主观幸福感研究框架，描述中国农民工主观幸福感状况，从个体特征（代际、性别、婚姻、教育水平）与区域特征（东部、中部、西部与东北）层面分析农民工主观幸福感的差异，从理论和实证两个方面深入分析影响农民工主观幸福感的因素。本书具体的研究目标可以分为：

（1）梳理文献，构建农民工主观幸福感分析框架，选取衡量农民工主观幸福感的维度与指标，并科学地确定维度与指标的权重。

（2）利用 2017 年 CGSS 数据，在农民工主观幸福感分析框架的基础上测度农民工主观幸福感，讨论农民工主观幸福感现状，分析不同主观幸福感水平下农民工对生活不同领域的满意程度以及不同个体特征、区域特征下农民工主观幸福感的差异。

（3）基于明瑟（Mincer，1962）、帕斯莫尔（Passmore，2001）、许玲丽等

（2017）的理论与经验划分农民工配置的时间种类，构建以探讨农民工时间配置对主观幸福感影响的理论分析框架，依据效用理论、劳动供给理论、家庭内部分工理论等经典的学科理论对影响农民工主观幸福感的因素进行理论分析。

（4）在农民工主观幸福感测度基础上构建计量模型，从实证角度分析农民工主观幸福感影响因素，并考察影响因素之间可能存在的调节效应以及内生性问题。

（5）基于以上研究，提出提高农民工主观幸福感的对策建议。

二、研究内容

基于上述研究目标，本书研究的内容由以下几个部分构成：

第一部分提出研究问题，指出本书研究的意义；明确本书的研究目的与研究内容，提出本书的研究思路和研究框架；说明本书采取的研究方法和研究数据；指出本书存在的创新点以及不足之处。

第二部分对农民工、主观幸福感等相关概念进行界定，阐述本书涉及的理论基础，如效用理论、劳动供给理论、时间配置理论等；梳理国内外相关文献，了解主观幸福感研究现状。

第三部分分析农民工主观幸福感状况。构建农民工主观幸福感测度体系框架，介绍测度主观幸福感的方法，选取农民工主观幸福感测度维度和指标，并合理分配各维度和指标权重；基于上述测度体系框架对农民工主观幸福感进行测量，按照个体特征（代际、性别和婚姻）层面和区域特征层面（东部、中部、西部及东北）描述农民工主观幸福感特征，并对比不同特征下的农民工主观幸福感差异。

第四部分对农民工主观幸福感进行理论分析。参照明瑟（Mincer，1962）等学者的分类方式，将农民工的活动时间划分为工作时间、家务时间和休闲时间3种类型；考虑到遗漏变量造成的内生性问题，本书对工作时间维度进行拓展，将“就业质量”引入研究框架；结合效用理论、劳动供给理论、家庭内部分工理论等经济学、社会学理论进行论述。

第五部分对农民工主观幸福感进行实证分析。在农民工主观幸福感测度基础上，构建计量模型，分析影响农民工主观幸福感的因素以及相关因素的作用机制；除了考察各类型影响因素的主效应，本书还将从个人特征等方面出发，展开异质性分析，考虑计量模型中可能存在的调节效应以及内生性问题。

第六部分得出研究结论并提出政策建议。综合农民工主观幸福感测度、理论分析与实证分析结果，得出研究结论，并根据研究结论提出相应的建议。

本书研究的技术路线如图1-1所示。

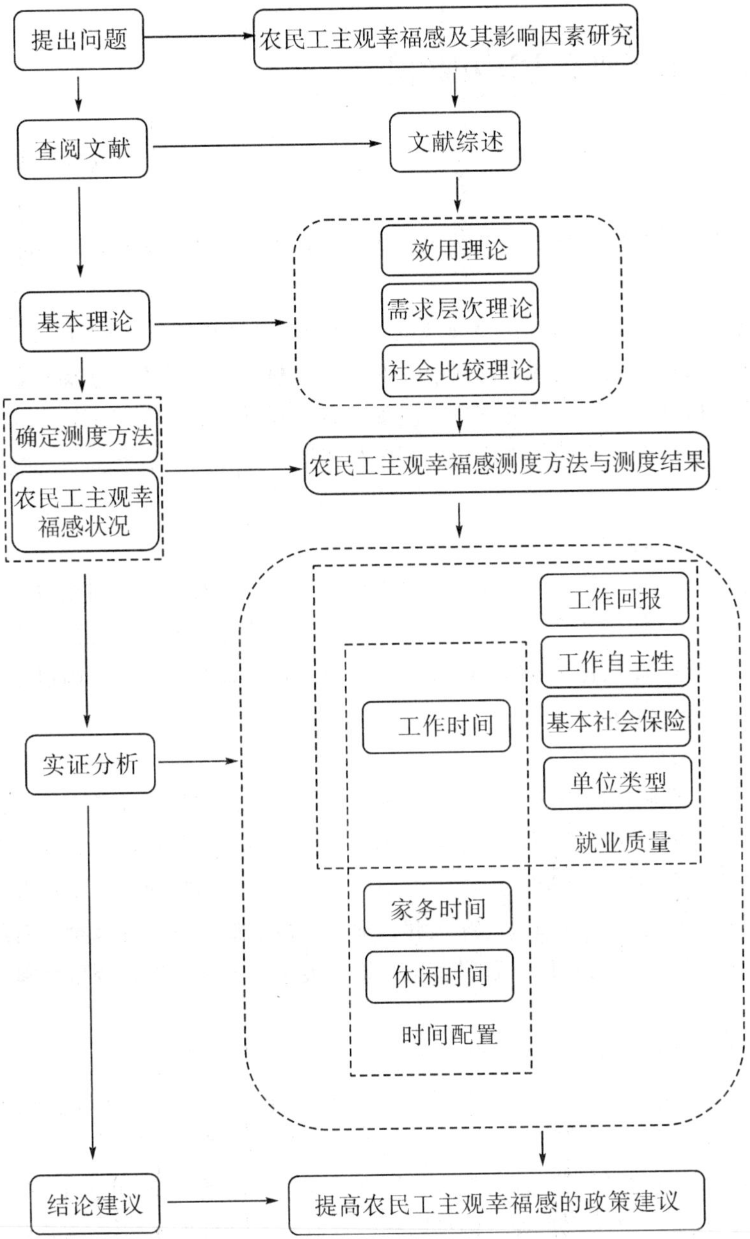

图 1-1　本书研究的技术路线

第三节　研究方法和数据

一、研究方法

基于上述研究目标与研究内容，本书采用的研究方法可归纳为四类。

（一）文献研究法

文献研究法是对前人在相关领域所做研究进行回顾与整理的方法。本书立足于中国农民工实际情况，回顾前人对主观幸福感测度及主观幸福感影响因素的研究，梳理幸福研究所涉理论，发现既有研究仍有需要完善之处。这为厘清本书的核心概念，构建主观幸福感测度分析框架，归纳主观幸福感影响因素奠定了基础。

（二）比较研究法

比较研究法是对两个及以上的事物进行分析，考察事物之间相似或者相异程度的方法。本书除了对农民工按个体特征、区域特征等层面进行分类，对比不同类型的农民工主观幸福感的差异外，还比较了农民工不同幸福程度下，构建幸福感相应指标的差异。

（三）演绎推理法

演绎推理法与归纳法相对，是一种由一般性前提出发，通过演绎推理，进而得出结论的方法。使用该方法需要正确掌握一般原理与原则，其前提条件与所得结论存在一定的关联性。本书运用该方法，结合时间配置模型将农民工的影响因素进行分类，并通过演绎推理，确定与被解释变量存在因果关系的控制变量。此外，该方法还用于解释实证结果中被解释变量与解释变量之间的因果关系。

（四）定量研究

本书大部分内容涉及定量研究方法。在构建农民工主观幸福感测度体系时，本书通过研究指标相关系数，确定维度和指标的赋权方法，对农民工主观幸福感进行描述性统计，以交互分类的方式探讨不同条件下农民工主观幸福感的特征；在分析农民工主观幸福感影响因素时，本书首先对样本的相关变量进行描述性统计，初步展示样本的基本特征，其次依据变量特征构建相应的计量模型，最后展开因果分析。本书第四章考察农民工时间配置对其主观幸福感的影响，第五章则在第四章的研究基础上考察农民工主观幸福感影响因素的内在机制。在上述内容中，本书将构建 OLS 模型、o-logit 模型以及 o-probit 模型，以考察影响因素对农民工主观幸福感的主效应及效应的异质性，并以倾向得分匹配法（PSM）处理模型可能存在的内生性问题，构建变量的交互项探讨效应的作用机制。

二、研究数据

本书使用的数据来自中国综合社会调查。该项目由中国人民大学中国调查与数据中心负责执行，项目主持人为李路路。中国综合社会调查发起于2003年，是我国最早的全国性、综合性、连续性学术调查项目，其通过对中国各省（自治区、直辖市）10 000多户家庭的劳动就业、家庭及社会生活、社会态度等方面的连续性横截面进行调查，总结社会变迁的趋势，探讨具有重大科学和现实意义的议题，推动国内科学研究的开放与共享，为国际比较研究提供数据资料。

CGSS调查区域覆盖了全国31个省（自治区、直辖市），每次调查访问10 000余户家庭。此调查有助于研究获取中国社会变迁的数据资料。为了兼顾纵贯调查的连续性和社会议题的现实性，CGSS的调查问卷在设计上分为核心模块、社会网络和网络社会模块以及家庭问卷模块三个部分。其中核心模块包含了个人基础信息、劳动与就业等内容；社会网络和网络社会模块包含了本书所需的个体时间配置的相关信息。相比于2015年CGSS调查热点模块，本书部分研究内容与2017年CGSS调查中的热点模块更为契合，鉴于此，本书利用stata 15以及SPSS 26软件对2017年CGSS调查数据进行合理筛选，最终保留的样本总量为2 313户家庭。

第四节　研究的创新点与局限

一、研究的创新点

本书在前人已有的成果基础上，构建农民工主观幸福感的多维测度指标体系，测度了农民工主观幸福感状况，构建计量模型，结合有关理论探讨影响农民工主观幸福感的因素，并对提升农民工主观幸福感提出相应的政策建议。本书的创新点如下：

第一，指标体系创新。目前绝大多数围绕农民工主观幸福感展开的影响因素研究以世界价值观调查的提问作为参考，向受访对象提问："总体而言，您认为您有多幸福：非常幸福、相当幸福、不十分幸福、一点也不幸福。"以单一维度的自陈量表方式测度农民工主观幸福感具有操作便捷的优点，但统计结果容易被受访者当时的情绪所干扰。国内外围绕主观幸福感测度展开的研究中，以邢占军（2003，2005）和迪纳（Diener，1985）为代表所制定的主观幸福感多维测度量表较有代表性。然而迪纳制定的量表设问过于笼统，其他量表制定者多数来自西方，即有的量表内容未能考虑中国社会运行状况，不具有高参考价值。本书继承了“主观幸福感由生活满意度与情感平衡共同构成”的基本出发点，基于邢占军（2003，2005）编制的中国城市居民主观幸福感量表，确定测度维度与指标，选取合适的测度问题，进而得出农民工的主观幸福感测度结果，在一定程度上提高了农民工主观幸福感的测度精度，同时保证了数据采集的便捷可行。

第二，研究视角创新。主观幸福感被心理学、社会学、经济学广泛研究，目前幸福研究的对象主要为：老年人、中小学生、企业员工、全省乃至全国居民。相比于其他群体，尽管近几年围绕农民工展开的主观幸福感研究逐渐兴起，但研究成果的数量仍有所不足。国外经济学领域对时间配置的研究已有半个世纪，且既有研究旨在讨论传统的经济因素与个体主观幸福感的关系。时间作为人类的一种稀缺资源，它的配置对个体福祉有着深远的影响。农民工是一个庞大而在社会中普遍处于劣势的群体，目前中国关于农民工时间配置与主观幸福感关系的研究尤其稀少，测度其主观幸福感并探讨主观幸福感影响因素及其作用机制有助于提升农民工主观幸福感水平，为中国实现第二个百年奋斗目标贡献一点力量。

二、研究的局限

本书以在时间约束视角下探索农民工主观幸福感为主题，研究内容存在以下不足之处：

第一，农民工主观幸福感测度指标体系仍需完善。构建主观幸福感多维测度指标体系面临的其中一个难题在于：无论构建一个什么样的指标体系，都始终存在遗漏关键指标的现象。本书将健康体验、满足体验和发展体验等维度纳入测度体系中，完善了主观幸福感的测度指标体系，但仍然未能实现测度指标体系与农民工的生活内容高度契合；考虑到维度设置、指标取舍的问题，本书对农民工主观幸福感采取了等指标权重赋值法确定权重，弱化了各指标对主观幸福感贡献的差别。因此，本书构建的农民工主观幸福感测度指标体系的科学性还需要进一步论证。

第二，计量模型中控制变量的纳入仍需进一步完善。本书将农民工主观幸福感的影响因素分为工作时间、家务时间和休闲时间三个维度。在构建计量模型时，本书的控制变量以农民工的个体特征为主，并根据各方面影响因素的特点适当加入就业质量、社会认知等控制变量。因此本书尽管采取了逐步回归、替换模型、工具变量等方式保证回归结果的可靠性，但难免存在遗漏控制变量导致回归结果准确度受限的现象。

第三，本书使用的数据限制了研究内容的进一步拓展。本书采用中国人民大学调查与数据中心负责执行的 2017 年中国综合社会调查数据。本书试图基于健康体验、满足体验与发展体验三个维度构建农民工主观幸福感测度体系，在提高农民工主观幸福感测度精度的同时，使其测量方法与思想更加忠实于迪纳（Diener，1985）、邢占军（2003，2005）等学者的研究成果。但囿于数据存在部分缺失的现象，本书的测度指标体系相比于前人的经验有所简化，这可能造成测量结果的偏误。此外，囿于数据缺失以及对农民工群体的甄别，导致样本数量远低于原始数据的样本数量，研究结论的可靠性受到限制。

第二章　理论基础与文献综述

第一节　关键概念界定

一、农民工

1984年10月，国务院颁布《国务院关于农民进入集镇落户问题的通知》，允许农民自理进入县镇。该文件表明国家对农民进城务工的限制开始松动，我国的城乡要素开始频繁流动，大量的农村人口开始往返于农村与城市。中国社会科学院的张雨林教授于1984年在《社会学通讯》上首次提出“农民工”这一称谓，由此引起了学术界的关注。“农民工”称谓提出之初，学者们通常认为农民工是在本地乡镇企业或进入城镇务工的特殊社会群体，是我国特有的城乡二元体制的产物。随着社会经济发展促使非农劳动力需求增加，学术界对农民工的研究文献数量也在不断上涨，但“农民工”的定义仍未统一，研究成果时常出现概念混淆情况。

为此，学术界从不同的视角定义了农民工的内涵，以便能准确界定“农民工”的概念。张墩福（1998，2000）将农民工定义为“从农村迁移或流动到城市中暂居城市谋求发展机会的农民打工人员”，并将在城市生活的农民工与城市常住居民、下岗职工进行比较，认为城市农民工是由一系列制度性因素与非制度因素造成的在城市社会中居于边缘地位的弱势群体。李强（2004）基于社会分层视角，认为农民工是当前中国社会分层体系中的一部分，在城镇就业的农民工是一种被排斥的非正式城镇群体。沈立人（2005）从“农、工”两个角度定义了农民工概念，认为农民工兼具“农”和“工”两种身份和角色，农民工首先是源于“农”，而后转变为以“工”为主，但又同时兼顾两者。何美金等（2007）从经济和历史角度定义了农民工概念，认为在国家社会工业化过程中，众多农民的工作形式由以务农为主转变为以工业劳动为主，农民工兼具一定的经济属性和历史属性。蔡昉（2010）认为，农民工是我国快速工业化、城镇化过程和经济社会转型中形成的一个庞大的新型劳动群体。

以上研究表明，早期的学者们主要从职业类型、社会阶层和户籍制度其中一个角度来定义农民工。随着研究的深入，学者们开始从多角度共同定义农民工。刘传江等（2004）将上述三个角度结合在一起定义农民工：从职业类型来看，农民工主要从事非农工作；从社会阶层来看，农民工是介于农民与城市居民之间的中间群体；从户籍制度来看，农民工的户口属于农村户口。顾益康等（2006）从户籍与职业类型双重视角出发，将农民工定义为：在我国原有的城乡二元户籍制度和就业制度下，从第一产业向第二、第三产业过渡到参与城市化建设的劳动者。

国家也从政策、文件及报告的层面对农民工的内涵进行了定义。2006年，国务院颁布的《国务院关于解决农民工问题的若干意见》中指出，农民工是"我国改革开放和工业化、城镇化进程中涌现的一支新型劳动大军。他们户籍仍在农村，主要从事非农产业，有的在农闲季节外出务工、亦工亦农，流动性强，有的长期在城市就业，已成为产业工人的重要组成部分"；国家统计局颁布的《2019年农民工监测调查报告》对农民工作出如下解释：农民工是指户籍仍在农村，年内在本地从事非农产业或外出从业6个月及以上的劳动者。

由此可知，农民工的定义主要包含如下三个方面：第一是职业类型，即农民工的主要职业为非农职业；第二是户籍特征，农民工在城镇工作乃至生活，但户籍仍为农村户籍；第三是劳动关系，农民工既包括被雇佣者也包括以个体户为主的自雇佣者。因此，本书基于国家有关文件以及学者们的已有研究成果，将农民工定义为在城镇从事非农产业，但户籍仍在农村的18~60岁劳动者。

二、主观幸福感

人类社会对幸福问题的探讨引起了多学科的共同关注。学者们谈及主观幸福感概念时，难以回避的一个论题就是：以什么样的哲学思想定义或看待幸福。在西方哲学领域，对幸福的定义主要分为两类流派：第一类是基于亚里士多德强调自我实现基础上的"实现论"，又称理性论；第二类是基于伊壁鸠鲁认为的"人生的目的就是追求快乐、享受幸福"的快乐论①。上述哲学流派的思想经过延续，分别形成了心理学领域研究幸福的两大范式：一种是延续

① 罗国杰，宋希仁. 西方伦理思想史（下卷）[M]. 北京：中国人民大学出版社，1985：91.

"实现论"思想的心理幸福感研究范式，该范式重视个体潜能的自我展现，包含自主性、个人成长等维度（里夫，1989）；另一种则是延续"快乐论"思想的主观幸福感研究范式，重视个体所感受的生活满意度与快乐（迪纳，1984；卡尼曼，1999）。

在亚里士多德的哲学观中，人类的每个行动都具有它自身的善，所有的善累积起来成为至善，至善则是终极的善。人类若要获得幸福，则需要以一个终极的善为目标，通过自身的努力逐渐实现终极的善。亚里士多德认为，人类的思辨是实现终极的善的根本技能，具有理性思辨的人都拥有一个高尚的目标并且愿意为了该目标而努力克服种种困难，这本身就是幸福。若将人的生活分为享乐生活、政治生活与思辨生活，想过享乐生活的人往往沦为生活的奴隶；想过政治生活的人往往因过于注重名利、职位而最终被政治生活所牵绊；只有思辨生活才能让人愈发完善，进而得到幸福（王成光 等，2010；任海燕，2012）。由此可见，亚里士多德对单纯将快乐等同于幸福的思想持反对立场。

相比之下边沁的幸福论则显得更加直观，他认为，所有社会政策的制定，都应该以所有人效用之和最大化为目标。人作为自然界的产物，具有追求快乐、逃避痛苦的天性，这种天性正是人们追求幸福的动因。边沁"快乐论"的最大的学术贡献在于设定"快乐和痛苦可以精确计算"，在该设定下，人们根据快乐、痛苦的数量及价值的大小，产生行为选择的善恶标准。边沁的功利主义思想是效用思想产生的直接伦理根源，对经济学产生了深远的影响。此后大部分古典经济学及新古典经济学的学者继承了"效用最大化"思想，为经济学领域开展幸福研究提供哲学及理论基础。

目前，经济学对幸福问题的研究延续了"快乐论"的哲学思想，即物质、服务对个体产生的快乐与满意。在边沁的基数效用理论中，上述快乐与满意是效用的一种属性，人们追求幸福几近等同于追求快乐。经过不同学科领域的持续研究，学术界对主观幸福感有了新的认识，并逐步达成部分共识。安德鲁斯和威西（Andrews & Withey，1976）认为，幸福感的内涵包括积极心理体验、消极心理体验和主观认知情况等层次。维恩霍文（Veenhoven，1984）认为，幸福感是人们对生活整体领域的满意度评价，即人们有多喜欢他们的生活。迪纳（Diener，1984）认为，主观幸福感应该分为生活满意与情感平衡两大部分。卢和吉尔摩（Lu & Gilmour，2004）认为，幸福是人们对其所处环境的内在满足程度。弗雷等（Frey et al.，2006）认为，幸福感可以较好地反映主观福利感受，能够令人满意地近似于个人效用。从上述定义中我们可以发现，无论从哪个学科视角出发，主观幸福感始终包含人们对生活质量所进行的认知性评价与情感性评价。在英语研究中，幸福感、生活满意度、福祉等概念有较高的一致性（李想 等，2009）。在测度主观幸福感的实践中，认知性评价演化为对生活满意度的测量，而情感性评价则演化为对情绪平衡的测量。主观幸福感具有如下特点：第一是主观性，以评价者内定的标准而非他人的标准来评估；第二是稳定性，针对主观幸福感展开的测量内容是个体长期而非短期的情绪反应和生活满意度；第三是整体性，它是一个综合评价的指标，包括情绪反应的评估和认知判断（迪纳，1984；丘海雄和李敢，2012）。

随着卡尼曼等（Kahneman et al.，1997）开创性地将效用划分为决策效用与体验效用，并使经济学领域将幸福归于体验效用中，幸福与效用的关系逐渐明晰。邢占军（2003，2005）基于人本心理学的现象学因素思想，将主观幸福感定义为一种"体验"，即幸福是人们对现实生活的主观反映，它既同人们生活的客观条件密切相关，又体现了人们的需求和价值。主观幸福感正是由这些因素共同作用而产生的个体对自身存在与发展状况的一种积极的心理体验。无论卡尼曼还是邢占军，都认为主观幸福感与体验密切相关，并且具有相对稳定的特征。由于邢占军（2003，2005）对主观幸福感内涵的讨论在一定程度上考虑了中国文化的影响，其观点与本书中农民工群体的文化背景更为契合，因此本书采用邢占军对主观幸福感的定义来确立主观幸福感的基本内涵。

由前文可知，衡量人们幸福水平的指标大致分为幸福指数、心理幸福感与主观幸福感。主观幸福感与效用密切相关，因此被经济学、社会学等学科作为人们幸福水平的标志。需要注意的是，目前经济学、社会学等学科开展幸福研究时，经常以"幸福感"为研究对象，且定义"幸福感"时沿用了主观幸福感的基本内涵，甚至把"主观幸福感"与"幸福感"这两个名词在同一研究中交替使用，这容易导致概念的混淆。本书是在经济学的理论框架下展开幸福研究的，为了体现不同学科对幸福定义的差别，且统一全书口径，本书基于已有经验，定义"主观幸福感"即为"幸福感"，并以"主观幸福感"作为农民工幸福水平的标志。

三、活动时间

（一）工作时间

学者们通常将劳动供给定义为劳动时间、劳动投入或劳动参与（明瑟，1962；吴传琦和张琪，2021）。黄有光和费尔德曼（2008）认为，工作时间是指劳动者投入工作活动的小时数，这段时间还包括工作前准备时数、工作后扫尾时数与付筹工作时数；劳动供给是指劳动时间或劳动参与。在时间配置的三分法中，工作时间与家务时间都具有劳动供给的特征，但与家务时间不同的是，工作时间内，个体生产的商品与服务流入劳动力市场。因此，本书基于上述特征，把个体参与劳动力市场供给的时间定义为工作时间。

（二）家务时间

学术界对家务活动没有明确的定义。通常认为，家务是劳动者向家庭成员生产或提供直接产品或服务而没有经济报酬的活动①（谢尔顿和约翰，1996；刘爱玉 等，2015）。无论在马克思主义政治经济学领域还是西方经济学领域，家务活动始终被视作创造价值的活动。正如前文所言，有别于工作时间，家务时间内，个体生产的商品与服务并不流入劳动力市场，而是被家庭内部所消费。因此，本书基于谢尔顿和约翰（1996）、刘爱玉等（2015）的经验，把面向家庭成员生产或提供产品、服务的无偿劳动时间定义为家务时间。

（三）休闲时间

从广义上来说，休闲时间是指除了工作时间、家务时间以外的所有时间；从狭义上来说，休闲时间是指产生直接效用的活动，如娱乐、旅游、社交与放松活动（阿吉亚尔和赫斯特，2007）。本书沿用了阿吉亚尔和赫斯特的广义休闲时间概念，认为休闲时间与工作时间、家务时间共同构成了个体活动时间的全集。从生产—消费视角来看，在休闲时间内，个体不仅不从事任何生产活动，甚至会消耗商品，这是休闲时间有别于其他活动时间的重要特征。

四、就业质量

就业质量是一个多维概念，源于不同学科的理论基础，由国际劳工组织（International Labour Organization，ILO）于1998年第87届国际劳工大会上提出的“体面劳动”衍生而来，主要用于综合反映劳动者的就业状况。国内外学者与机构对就业质量指标体系的构建与方法展开了大量研究。国际劳工组织更新的就业质量指标体系由11个维度组成，包含了就业机会、公平就业待遇等内容。经济合作与发展组织（OECD）采用了与幸福感测度指标体系相似的方式，从收入质量、劳动力市场保障及工作质量3个维度构建了就业质量指标体系。欧洲改善生活和工作条件基金会（Eurofound）则从工作环境、工作强度等7个维度构建就业质量指标体系（贾毓慧 等，2020）。

进入21世纪后，国内学者逐渐展开了就业质量的相关研究。有学者从大

① “没有经济报酬”是相对“工作”而言的。即使家庭内部向从事家务劳动的成员提供货币补偿，但由于家庭整体没有因为从事生产和服务而增加经济报酬，学术界仍将该活动视作“没有经济报酬”的活动。

学生就业视角出发探讨就业质量：廖志成（2005）以大学毕业生为研究对象，指出大学毕业生就业质量是指毕业生就业状况的优劣程度，包括大学生初次就业的薪酬水平、满意程度、发展空间等内容，具体表现为大学毕业生就业的层次高低、专业是否对口、是否有利于人才潜力的发挥，是否愿意到国家最需要的地方就业等方面；秦建国（2007）认为大学生就业质量是一个衡量大学生在整个就业过程中就业状况的综合性概念。也有学者从全社会劳动者角度出发定义就业质量：刘素华（2005）将就业活动分为数量、质量两方面，就业质量研究的是就业活动中劳动者与生产资料结合并获得收入情况的优劣程度，该优劣程度由工作性质、聘用条件、工作环境、社会保障及劳动关系五个维度构成；张抗私等（2015）基于宏观数据视角，以就业状况、劳动报酬、劳动数据等 5 个一级指标、18 个二级指标及 49 个三级指标构建了就业质量评价指标体系。

随着农民工问题持续受到学术界关注，学者们开始以农民工为研究对象讨论就业质量。谢小青等（2015）采用层次分析法（AHP）构建农村剩余劳动力转移就业质量评价指标体系，量化分析了农村剩余劳动力转移就业质量；明娟等（2015）选取收入、工作时间、劳动合同与社会保障四个维度测量农民工的就业质量；聂伟（2015）采用了主客观因素结合的方式，以劳资关系、工作环境、社会保障等客观因素与主观满意度共同衡量农民工就业质量。

由上述内容可见，国内外学者对就业质量有着各不相同的见解，从而在就业质量的测度上存在一定的分歧。但学者们基本一致认为，就业质量作为一个多维概念，仅以劳动者的工资、劳动时间等其中一个方面作为衡量就业质量的依据是不合适的。在见解不同的情况下，就业质量基本上围绕劳动报酬、工作时间、工作自由度、社会保障等维度展开。

第二节　理论基础

一、效用理论

（一）基数效用与序数效用

效用理论是消费者行为理论的核心。根据效用的衡量方式，效用理论可以分为基数效用论和序数效用论。在边沁“快乐论”及功利主义的影响下，19 世纪时的学者们将“效用”概念建立在消费商品给人们带来的快乐的程度上，即从消费的角度确定“效用”的概念，进而以此概念来衡量幸福。杰文斯在

《政治经济学理论》中认为，快乐和痛苦这类心理感受是可以计算的，并且可以用无单位的“基数”来测量感受的大小或强弱，幸福与上述感受相似，因此幸福亦可计算并用基数来比较大小。

然而，效用作为心理感受，在个体上的表现未必完全相同。对不同的人而言，效用可能是偏好、满足或福利。阿德勒（Adler，2013）在考察主观幸福感的政策作用时指出，需要分清楚主观幸福感所体现的是偏好效用还是体验效用。偏好效用衡量一个人在何种程度上实现了他/她的偏好（侧重于非精神事物的偏好），体验效用则衡量一个人的精神状态。此外，单纯使用效用来衡量幸福，并不能解释为何社会上存在大量的利他行为，利他行为带来的效用与完全理性选择行为带来的效用是否可以计算？上述疑问导致了基数效用理论的有效性大打折扣，边沁的功利主义思想也受到质疑。

鉴于基数效用理论有诸多无法解决的矛盾，学者们开始尝试利用序数效用理论解释幸福。帕累托认为，效用的大小不能具体衡量，但是可进行优先度的比较。在序数效用理论视角下，效用仅仅描述了消费者如何按照优先度在不同的商品间进行排序，这在一定程度上反映了消费者的偏好。然而序数效用理论仍然无法真实反映基于个体的偏好和选择是否与福利状况一致。

无论基数效用理论还是序数效用理论，仅仅使用效用来衡量幸福存在巨大的漏洞，这说明仅仅认为人们的幸福来源于市场交易过程中的物质感受是不准确的。幸福还包括非市场行为对人们施加的精神层面的感受（金江，2010）。尽管效用理论存在着诸多弊病，但对于个体的行为经济研究仍然有着重要的指导意义，有大量的经验证据支持了效用理论的可靠性。随着不同学科的交叉融合以及有关理论与方法的发展，效用被赋予了更加广阔的内涵，基数效用理论再次得到重视。因此，本书拟以效用理论作为其中一个分析基础，测度农民工主观幸福感并分析农民工主观幸福感的影响因素。

（二）决策效用与体验效用

新古典经济学的发展使个体被刻画成纯粹追求欲望的理性决策者，他们的效用只反映了对商品的欲望，与使用商品时体验到的快乐无关。这使“快乐”“幸福”从“效用”中剥离，经济学领域的幸福研究陷入了困境。

卡尼曼等（Kahneman et al.，1997）基于心理学的研究成果提出前景理论（prospect theory），对效用的概念进行了开创性划分。他认为，效用可分为决策效用（decision utility）与体验效用（experience utility），决策效用反映了某一选择相对其他选择的重要程度，体验效用则反映了某一选择所带来的快乐体验，决策效用和体验效用共同构成了效用的整体。前者与新古典经济学中效用的“欲望”相对应，后者与古典经济学中效用的“快乐”相对应。体验效用涵盖了快乐的多个维度，因此学术界通常认为，幸福作为快乐的其中一种类别，是体验效用概念的子集（贺京同 等，2014）。至此，幸福研究在心理学、经济学领域迎来了突破，幸福与效用的关系得到了进一步明晰，为之后的幸福研究提供了重要的理论依据。

贺京同等（2014）基于已有的决策效用、体验效用的内涵与度量方式研究，进一步给出幸福的基本性质：第一，在当前的经济学语境下，幸福是体验效用的子集；第二，幸福属于体验效用，因此幸福是可测的；第三，幸福作为个体满足感的体现，受实际结果与可接受结果之间差异的影响，这些对幸福影响的“结果”以相对水平的形式体现，并非绝对水平。

表 2-1 为决策效用、体验效用与幸福之间的关系。

表 2-1　决策效用、体验效用与幸福之间的关系①

	决策效用 （新古典经济学的“效用”）	体验效用 （主观幸福感是其子集）
思想源泉	序数效用论	边沁提出的效用的快乐含义
测度假设	不可直接测量	可直接测量
测度方法	显示性偏好（无差异曲线）	个体对自身幸福状况的评价
解释	通过个体的选择或偏好推测效用	个体得到的快乐体验
应用	解释价格机制	为公共政策提供决策支持

二、劳动供给理论

人们在生活中从事不同的活动，这些活动不同程度地占用了人们的时间。随着生活压力的增加，人们的生活满意度、幸福感等反映生活质量的指标不断下降，由此引出了工作—闲暇平衡问题。为了便于讨论工作与闲暇的平衡问题，微观经济学领域以人的时间作为上述问题研究的侧重点，考察工作—闲暇与个人福利、生活质量等方面的关系。工作时间是指人在市场中获取收入所消耗的时间，如果将人的总时间视作一枚硬币，那么闲暇时间则可视为硬币的其中一面，与工作时间相对。人的总时间是有限的，并且不可能无休止地从事劳动，因此人需要牺牲劳动时间及其带来的报酬以换取闲暇，这些报酬成为闲暇的“价格”。市场中的人们通常根据自身的偏好权衡工作与闲暇的投入时间，

① 何凌云，秦尊文. 主观幸福感、效用与社会福利［J］. 学习与实践，2019（9）：33-47.

以实现自身效用的最大化。

构建坐标系，若以纵轴代表个体的日收入，横轴代表个体的休息时间，可以得到由多个收入—休息组合构成的、凸向原点、斜率为负的无差异曲线，该曲线任何一点的效用相等。连接个体一天获得的最大收入点与最长工作时间点得到预算约束线，预算约束线的斜率为个体的小时工资率。当无差异曲线与预算约束线相切时，切点代表了个体收入与闲暇时间的最佳组合，此时个体获得的效用为最大效用。

工资率变动导致个体收入变动，个体相应地减少闲暇时间并投入更多的劳动以获取收入的现象为劳动供给曲线的收入效应；个体相应地减少工作时间以获得更多闲暇的现象为劳动供给曲线的替代效应。个体的劳动供给是由收入效应与替代效应的净效应所决定的：在工资率较低时，随着工资率的提高，个体劳动供给的净效应通常为收入效应，个体愿意投入更多的时间到工作中；当工资率提高到一定水平时，闲暇的“价格”较高，个体劳动供给的净效应通常为替代效应，即个体将减少劳动供给，获得更多的闲暇。

三、时间配置模型

在时间约束条件下，如何将有限的时间合理地分配于市场劳动、非市场劳动、休闲，从而实现个体或家庭效用最大化，成为经济学、社会学围绕时间配置所探讨的问题。经济学家最初将消费者行为理论应用于时间配置问题，构建工作—闲暇模型。在传统的时间配置理论中，个体利用的时间被分为工作时间与闲暇时间（奈特，1921；庇古，1932）。随着把活动时间分为工作时间与闲暇时间的二分法难以满足研究需求，学者们尝试将闲暇中的部分活动从闲暇中剥离，形成独立于工作、闲暇的活动，如拉德龙-德-格瓦拉等（Ladrón-De-Guevara et al.，1994）将活动时间分为工作时间、教育时间与休闲时间，来探讨“干中学”“玩中学”等对人力资本的影响；明瑟（Mincer，1962）、贝克尔（Becker，1965）和舒尔茨（Schultz，1990）等学者将活动时间分为工作时间、家务时间和休闲时间，进而探讨实现家庭效应最大化的时间配置，因此在工作—闲暇模型的基础上衍生出时间配置模型。

参考张锦华等（2012）的分析框架，假设存在一个有着各自独立偏好的夫妻组成的核心家庭，共同消费家庭生产产品，其时间配置的直接效用函数表达为

$$U^i = U^i(Z,\ t_l^i)\ i = m,\ f \tag{2-1}$$

式（2-1）中，U 为直接效用函数，Z 为最终可供家庭消费的生产产品向量，

m 为男性，f 为女性，t_l 为闲暇。

假设 Z 的生产函数为

$$Z = Z(x,\ t_h^m,\ t_h^f,\ E) \tag{2-2}$$

式（2-2）中，t_h^m 和 t_h^f 分别为男性和女性成员提供的家务时间，E 为家庭能力、人力资本等一系列影响家庭生产的变量集合，x 为家庭可在市场上购买到的商品向量。

假设家庭当期收入全部用于消费支出，不存在储蓄、非劳动收入、金融借贷等行为，其函数为

$$p_x x = w^m\ t_w^m + w^f\ t_w^f \tag{2-3}$$

式（2-3）中，p_x 为市场商品 x 相应的价格向量，w^m 和 w^f 分别为男性和女性成员的市场工资率，t_w^m 和 t_w^f 分别为男性和女性成员的市场工作时间。

时间被视作稀缺资源，有总量的上限，因此有

$$t = t_w^i + t_h^i + t_l^i i = m,\ f \tag{2-4}$$

基于上述4个公式，理性决策人获得最大效用的条件是商品和闲暇的边际替代率等于家务劳动的生产率，由此我们可以得出家庭成员的家务劳动时间的配置决策方程如下：

$$t_h^i = F\left(\frac{M\,U_z^i}{M\,U_{t_l}^i},\ Z'_{t_l},\ t_h^k,\ t_l^i,\ E\right) i = m,\ f;\ k = f,\ m;\ k \neq i \tag{2-5}$$

通过式（2-5）可求得个体在时间约束、收入约束等条件下如何配置家务时间以实现效用的最大化。家务时间的投入还受到家庭成员间的“议价能力”的影响，通常而言，相对资源较高（收入较高）者往往具有较强的议价能力，其投入的家务时间则相应较少。

第三节　文献综述

一、幸福指数研究

在开展幸福感研究的早期，学术界更多的是关注如何通过客观指标来评价人们的幸福水平①。然而使用这些客观指标存在许多不足：测度指标不包括资源分配、环境、贫困等事关人们幸福的因素，由此会造成测量的误差；此外，

① 经济学领域较早关注此类问题，因此所用的客观指标以国内生产总值（GDP）等经济指标为主。

使用国内生产总值（GDP）作为人们幸福水平的测度指标之一将意味着指标以“增加收入能够提高人们的幸福水平”为前提，而伊斯特林（Easterlin）提出的“幸福悖论”则动摇了 GDP 在幸福测度中的地位，进一步质疑了以 GDP 反映人们生活质量的有效性（刘向东 等，2012）。

一些国家政府与组织开始尝试构建更为合理的评价体系，以测度人们的幸福水平。1972 年，不丹国王旺楚克提出使用国民幸福指数（gross national happiness，GNH）来代替 GDP 衡量国家的发展水平，不丹由此成为世界上第一个以“国民幸福”为政府首要目标的国家。联合国开发计划署在《1990 年人文发展报告》中提出“人类发展指数”（human development index，HDI）的概念，并从那时起每年发布一次世界各国的人类发展指数。与不丹 GNH 以政府善治、经济增长、环境保护与文化发展为主要测度指标不同的是，HDI 由三个维度的等权平均数构成①，可被视为幸福感研究的一个方面（蔡兴扬，1992；李想，2009）。尽管 HDI 从多个角度出发共同测量了人类发展水平，但财富增长、寿命延长等并不是人们获得幸福的必要条件，仍然有大量的决定人们幸福的因素被排除在测度体系之外。学术界为此展开了更进一步的研究。

国内学者主要通过两种方法来构建更为合理的幸福指数，第一种方法是参照已有研究成果，基于相关理论与结构选取主客观指标直接进行计算。于飞等（2014）基于多维测度思想构建了河北省居民幸福指数因素；陈惠雄等（2015）总结了影响人们幸福的六大因子，提出基于经济社会发展的幸福指标体系；郝乐等（2020）改进了距离综合评价法，将客观幸福指数与主观幸福指数相结合作为幸福感的综合指标。以上方法都尽可能地考虑影响人们幸福的多个方面，但其指标选取与权重确定方式有待商榷。我国各地区经济发展水平、人文理念有着巨大的差异，这使构建好的幸福指数测度框架未必能广泛应用于不同地区。第二种方法则是运用因子分析等方法提取出对人们的幸福感影响最大的因子，并以此作为测度人们幸福水平的基础。刘国风等（2012）利用因子分析、构建结构方程模型等方式测度了城镇居民幸福指数；吴士炜等（2016）基于 Sen 的可行能力理论测度了我国社会福利指数。因子分析法的不足之处在于提取出公共因子后，指标体系中的指标可能难以兼顾主、客观两个方面，此外该方法还会造成数据信息的大量丢失。

尽管目前学术界并没有就如何构建更为合理的幸福指数达成共识，且不同

---

① 这三个维度分别是生命维度、教育维度和 GDP 维度，以出生时的预期寿命、成人识字率、综合入学率和用美元表示的使用购买力平价法调整过的人均 GDP 为基础指标。

学者使用不同方法测得的幸福指数各不相同，看似未能获得进一步的突破，但我们不可忽视相关研究对提升人类福祉、转变世界各国发展理念带来的积极影响。

二、个体的幸福感研究

（一）针对青少年群体的主观幸福感研究

心理学、教育学领域开展的幸福研究的对象以青少年、学生为主，研究方向主要分为三类：第一类是制定符合青少年、学生特征的幸福感量表；第二类是探讨人格与青少年幸福感的关系；第三类是探讨外部环境对青少年幸福感的影响。其中，制定符合青少年、学生特征的幸福感量表研究起步相对较早，并且随着研究的深入，量表涉及的幸福感种类也逐渐增多。田丽丽（2008）以安德鲁斯和威西（Andrews & Withey，1985）提出的主观幸福感成分结构为基础，构建了由学校满意度、在校积极情感和在校消极情感三部分组成的学校幸福感量表；刘伟等（2010）将主观幸福感作为青少年情感的组成部分，编制了“青少年生活情感问卷”，测度了上海市小学、初中、高中学生的青少年情感素质，发现我国青少年情感生活正向积极，并高于总体情感素质平均水平，青少年幸福感水平在各测度指标中得分最高；沈清清等（2013）也遵循了将主观幸福感量表分解为生活满意度量表与积极—消极情感量表的思路，探讨了温州、湖州两地 1 141 名青少年的生命意义感与幸福感的特征及关系；李国庆等（2017）对经济合作与发展组织（OECD）主导制定的 2018 年国际学生评估项目（PISA）青少年主观幸福感评价体系进行了详细阐述。PISA 将青少年幸福感分解为生活质量幸福感、自身幸福感、校内环境幸福感与校外环境幸福感四个维度，除了生活质量幸福感外，其他维度均由客观指标与主观指标构成。这些指标纵向构成上述四个维度的幸福感，横向构成青少年的社会幸福感、主观幸福感及整体生活满意度。

人格与青少年幸福感关系研究起源于对双生子的研究，随着大五人格理论的提出，心理学领域对人格与主观幸福感方面的研究达到新高度。大五人格由戈德堡（Goldberg，1992）提出，在大五人格理论下，人格描述的所有方面可以由开放性、责任心、外倾性、宜人性以及神经质性五种因素共同囊括。学者们在上述理论下探讨各人格因素与主观幸福感的关系时得出略有不同的结论。有学者证实大五人格与主观幸福感存在直接效应，如科斯塔和麦克雷（Costa & McCrae，1980）研究发现，上述五个因素均与主观幸福感显著相关，即开放性正向影响主观幸福感中的正向情感与负向情感；宜人性与责任心正向影响主观幸福感中的生活满意度和正向情感，并且与负向情感显著负相关。张兴贵等（2005）考察了379名青少年学生大五人格维度与主观幸福感的关系，得出的结论与国外已有结论部分一致。王瑞敏等（2008）运用多个生活满意度量表及情感量表，对1 018名流动儿童与319名城市儿童进行调查后发现，流动儿童的主观幸福感整体偏上，大五人格理论中的外向性、神经质与开放性对流动儿童的主观幸福感有着显著的影响。除了证实大五人格与主观幸福感的直接效应外，学者们发现大五人格对主观幸福感具有中介效应，或者大五人格通过其他中介变量影响主观幸福感。张兴贵等（2007）通过进一步探讨后指出，青少年部分人口学变量既与主观幸福感有直接关系，又通过大五人格的部分维度对主观幸福感形成间接效应。田丽丽等（2007）考察了228名中学生的学校幸福感与能力自我知觉、人格的关系，发现大五人格中的神经质和外倾性在能力自我知觉和学校幸福感的关系中起中介作用。刘锦涛等（2013）在对兰州市中学生的主观幸福感与人格特质进行调查后发现，外倾性、开放性与责任心正向影响主观幸福感，神经质会降低主观幸福感水平，这一研究结论与已有研究成果基本一致。徐文健等（2017）指出，人格神经质在儿童结束留守年龄和主观幸福感之间起着中介作用，具体来说，儿童结束留守年龄越大，其人格神经质特征越强，进而主观幸福感水平越低。张瑞平等（2017）考虑到中国儒家文化对青少年生活的深厚影响，即通过实证研究表明部分儒家心理资产维度在大学生大五人格特质与主观幸福感之间起部分中介作用。

学者们除了基于大五人格理论考察人格与青少年主观幸福感的关系外，还探讨个别人格特质，尤其是反社会型人格障碍特质对主观幸福感的影响。反社会型人格障碍特质以马基雅维利主义（Machiavellianism）①、自恋和精神病态为代表，保罗胡斯和威廉姆斯（Paulhus & Williams，2002）把这三类人格特质统称为暗黑人格（dark triad）。已有研究表明，暗黑人格的三个不同方面对主观幸福感影响存在异质性，并非一致对主观幸福感造成负向影响。其中，自恋通常正向影响主观幸福感，而马基雅维利主义和精神病态负向影响青少年幸福感。除了上述的直接效应外，暗黑人格还可能在其他因素对主观幸福感的影响中存在中介效应（田志鹏 等，2014；蔡攀 等，2017）。亦有学者探讨正向或中性的心理品质与主观幸福感的关系，同样发现正向或中性的心理品质与其他因素具有复杂的中介关系。王钢等（2011）对592名中学生调查研究后发现，

① 马基雅维利主义以意大利政治家、历史学家马基雅维利命名。该术语通常指个人为了达到目的而不择手段，缺乏基本的人际关系情感与行为道德。

中学生的学业自我在自尊与主观幸福感之间起部分中介作用。程翠萍等（2016）以重庆市550名大学生为调查样本，构建多元回归模型后证实了大学生勇气对主观幸福感有显著预测作用，社会取向自我价值感对勇气的幸福预测具有中介作用，而该中介效应还受到性别的调节作用影响。

学者们对外部环境与青少年主观幸福感的关系研究主要分为两个方面。第一个方面是生活经历或生活环境对青少年主观幸福感的影响，生活经历或生活环境方面又以青少年儿童的留守经历与家庭状况为研究的主要因素。已有研究指出，具有留守经历的青少年儿童的主观幸福感水平通常较低，而且留守时间与主观幸福感具有显著的负向关系（宋广文 等，2013）。家庭社会经济地位是指根据家庭所获取或控制有价值资源而对其进行的层级排名（叶婷 等，2012），该复合指标既能够对青少年的主观幸福感产生直接影响，还能够借助诸如母亲的自主支持和控制、家庭教育支持等中介变量对主观幸福感产生间接影响（王美芳 等，2015；王玥，2016）。第二个方面是个体行为，尤其是网络使用与青少年主观幸福感的关系，个体的行为与幸福感往往存在双向影响，因此有学者把主观幸福感作为解释变量展开研究。梅松丽等（2015）采用问卷调查法研究发现，青少年主观幸福感与其网络成瘾具有显著的负向直接影响。上述研究结论与青少年主观幸福感对手机依赖的影响研究的结果基本一致，即研究发现，青少年的主观幸福感与手机依赖行为呈显著的负向关系（陈艳 等，2019）。也有学者将青少年的个体行为作为解释变量、主观幸福感作为被解释变量来进行研究，进一步印证了青少年互联网、手机与其主观幸福感存在双向影响机制（姜永志 等，2016）。

总体来说，围绕青少年、学生群体展开的幸福研究，主要是围绕家庭环境、人格以及网络使用行为因素展开的。大量研究发现，各影响因素对主观幸福感的作用并不局限于直接效应，还通过各种渠道对主观幸福感形成中介效应、调节效应，这说明外部环境、个体行为与主观幸福感的关系是错综复杂的，为本书探讨农民工主观幸福感影响因素提供了借鉴意义。

（二）针对老年人群体的主观幸福感研究

老年人主观幸福感反映了老年人群体的精神健康状况，是老年人对自身生活质量的总体评价（王红，2015）。已有研究从个体特征、代际支持、社会支持、使用网络等方面探讨了老年人主观幸福感的影响因素。在个体特征方面，学者们最初主要围绕老年人的性别、年龄与婚姻状况展开讨论。通常来说，女性老年人的主观幸福感水平相比男性老年人更低（梅锦荣，1995），造成该结果的原因可能与性别不平等导致的生活条件差异有关。相比男性老年人，女性老年人普遍具有预期寿命更高、受教育程度更低的特点，这容易导致女性老年人长期处于贫困、丧偶的生活条件中（张义祯，2010）。在生活条件相同的情况下，女性老年人主观幸福感水平通常高于男性老年人。国外学者研究发现，人们的年龄与主观幸福感之间呈 U 形关系，即人们从幼年成长至中年时，主观幸福感水平随着年龄增长持续下降，但随着人们从中年步入老年，主观幸福感又随着年龄增长而增长（奥斯瓦尔德，1997；布兰奇法罗，2004）。对该现象的其中一种解释是，老年人相比中青年人，期望水平更低，更容易满足于现实状况（斯特罗必，1987）；也有研究认为，老年人随着年纪的增长会调整自己的预期，使自身的预期更符合实际，并且更容易接纳挫折①（坎贝尔，1995；康威，1996）。此外，老年人的健康状况通常具有高度依赖他人照料的特点，配偶的陪伴既能提升老年人的生理健康水平，又有助于老年人消除孤独感等不良情绪。因此相比于未婚、丧偶的老年人，已婚老年人主观幸福感更强（张伟 等，2014）。

国外较早关注代际支持对老年人幸福感的影响，并发现子女主要通过经济支持与情感支持提升老年人的生理与心理健康（海勒 等，1991；克劳斯，1997）。在世界上大多数文化中，“子女能够提升老年人幸福感”已成为一种普遍存在的观念，因此学者们围绕子女性别对老年人主观幸福感的影响展开研究。在中国传统的农业社会中，由于男孩对传统家庭网络的稳定、繁衍具有更大的作用，男孩带给父母的主观幸福感可能比女孩更多，这也是构成中国传统社会“重男轻女”观念的源头（侯家驹，2008；费孝通，2012；钱穆，2013）。随着我国经济的快速发展以及政府、社会各界多年来对“男女平等”的倡导，学者们开始关注女孩对老年人主观幸福感的影响。陆方文等（2017）利用 2008 年 CGSS 调查数据并考虑到第一胎子女性别的外生性，研究发现，子女性别对父母主观幸福感的影响并非终身不变。在子女结婚前，其性别并不会显著影响父母的主观幸福感；但在子女结婚生子后，女孩对父母主观幸福感提升作用大于男孩。造成该现象原因可能与父母需要为儿子的升学、婚姻与购房付出更多的成本有关②。孙晓冬等（2020）采用 2015 年 CGSS 调查数据直接考察子女数量、子女性别对不同性别老年人主观幸福感的关系，其研究结论同样

---

① 布伦诺·S 弗雷，阿洛伊斯·斯塔特勒. 幸福与经济学：经济和制度对人类福祉的影响［M］. 静也，译. 北京：北京大学出版社，2006.

② 尽管该研究并没有直接说明子女性别对老年人幸福感的影响，但当第一胎子女处于结婚生子阶段时，父母基本步入老年阶段。因此研究可以由结论推理出女儿对老年人主观幸福感的提升有着巨大的贡献。

印证了女儿对老年人幸福感的贡献并不显著低于儿子。但并非已有研究均认为代际支持对老年人主观幸福感具有显著正向的作用（王磊，2018）。这种作用效果的差异可能与东西方代际交换的方向、老年人的期望水平、老年人的社会观念有关（郭志刚，1998；梁 等，2001；刘泉，2014）。因此在当前的中国社会，子女对老年人幸福感的影响需要进行更深入的实证研究。

相比于中青年群体，老年人通常因无工作压力而拥有更多的闲暇时间，于是学者们开始围绕社会支持对老年人主观幸福感的影响展开研究。随着年龄的增长，老年人的心理状态与社会适应能力发生变化，社会支持对老年人生活的重要性愈发突出。社会支持是指人们通过社会互动关系得到的能缓解心理压力、提高社会适应能力的支持与帮助，社会支持的来源通常与人们社会网络、社会关系有关（吴捷，2008；邓敏，2019）。社会支持通常可分为正式社会支持与非正式社会支持，正式社会支持由政府、社会工作专业人士和组织主导；非正式社会支持主要由社区、个人主导。总体而言，社会支持对老年人主观幸福感具有提升作用（吴捷，2008；张秀敏 等，2017），但社会支持的幸福效应也有明显的异质性。有研究指出，75 岁及以上的农村空巢老年人的主观幸福感可能更加依赖于正式社会支持（方黎明，2016），即正式社会支持对不同年龄段老年人的幸福效应有所差别。绝大部分已有研究肯定了养老保险、优抚、社会养老等一系列正式社会支持对老年人主观幸福感的提升作用（陈东 等，2015；孔海燕 等，2016；邓大松 等，2019），这些提升效应主要通过提高收入水平、提供心理支持以及改善生活设施等途径实现。而以家庭养老为主的非正式社会支持对老年人主观幸福感的提升效应则受到了质疑：一方面，子女需要承担照顾老人的义务，老年人健康恶化后将由家庭成员来照料日常起居，但老年人可能会面临人力资源不足导致被照料效果不佳、子女生活负担过重等情况；另一方面，尽管我国城乡社会养老保险制度覆盖面较广，养老金能够提升老年人的幸福感，但老年人的健康恶化后依然会大幅增加家庭经济负担。此外，农村许多中青年人口外出务工，造成了村庄“空心化”，因此即使子女通过物质接济老人也难以消除老人的孤独感与其他负面情绪，造成所有家庭成员主观幸福感的损失（崔红志，2015；闫静 等，2019）。

老年人在情感方面需要得到更多的支持，而互联网在一定程度上能丰富老年人的精神生活，因此有学者关注互联网使用对老年人的幸福效应影响。国外大多数定性与定量研究认为，使用互联网能够增强老年人的社交能力，缓解他们的孤独感，从而让他们感到更加幸福（奥帕林斯基，2001；夏皮亚拉 等，2007；萨姆 等，2009；希罗 等，2015）。国内学者在总结国外已有研究的经验基础上，结合国内实际情况进一步指出：互联网对老年人群体具有满足再就业需求、增加老年人相同价值观群体的沟通机会、降低老年人与亲友的沟通成本、增加健康咨询与服务的机会、丰富休闲生活等功能，但受区域发展不平衡、老年人认知程度不一等限制，互联网的上述功能对不同年龄、学历、户籍的老年人主观幸福感的影响存在差异（彭希哲 等，2019；张振亭，2019）。

总体来说，学术界对老年人主观幸福感的研究更加侧重于探讨代际关系与社会支持作用。研究指出了丰富精神生活、消除包括孤独感在内的负面情绪对提升人们主观幸福感具有重要作用，为本书探讨农民工主观幸福感影响因素提供又一思路。

（三）针对农民工群体的主观幸福感研究

农民工作为城市中的弱势群体，其主观幸福感与我国民生工作密切相关。农民工与普通青少年、老年人在人力资本、社会资本、工作特征等方面存在较大的差异，因此各群体提升主观幸福感的主要路径有所不同，已有研究所取得的经验不一定适用于农民工群体。解决农民工这一庞大群体在城市化过程中面临的住房、就业、社会信任等问题，能够提升农民工主观幸福感，对我国全面建成小康社会具有助推作用。学术界目前主要从个体经济特征、社会特征与心理特征等方面研究农民工与主观幸福感的关系，在不同的情境下得到的结论有所不同。

学者们研究个体经济特征与农民工主观幸福感的关系时，采取考察就业质量或收入对主观幸福感影响的思路。大多数研究认为，提高工作收入、缩短劳动时间、增加单位提供的社会保障和技能培训、赋予相对高端的职业身份能够显著提高农民工主观幸福感（刘靖 等，2013；卢海阳 等，2017；聂伟，2019；程名望 等，2020）。不同代际的农民工在经济条件、社会心态等方面存在较大差异，因此学者们还会考察经济特征影响农民工主观幸福感的异质性。老一代农民工[①]外出务工以获得高收入从而改善生活为主要目的；新生代农民工相比于老一代农民工具有更高的受教育水平，他们外出务工的目的并不局限于获得高收入，还包括对工作稳定性、基本社会保障等权益的追求（盛光华 等，2015；冯永琦 等，2016）。

许多学者将农民工收入与伊斯特林提出的“幸福悖论”相结合，考察农民工收入的幸福效应。对于农民工群体是否存在“幸福悖论”，已有研究尚未

---

① 本书参照已有研究，将1980年以后出生的农民工划分为新生代农民工，1980年以前出生的农民工划分为老一代农民工。本书第四章第一节将作详细阐述。为使表达简洁，后文分别用“新农民工”“老农民工”特指新生代农民工和老一代农民工。

达成共识。有学者通过实证研究认为，绝对收入的增加能够提升农民工的主观幸福感，即农民工群体不存在“幸福悖论”（罗楚亮，2009；王玉龙 等，2014；张华初，2014；尤亮 等，2014）；也有学者研究发现，农民工收入的增加并不能提升其主观幸福感，而造成该现象的原因可分为收入因素与非收入因素。从收入因素视角看，收入不平等是造成农民工主观幸福感水平并不随着收入增加而上升的原因之一。除了绝对收入，农民工还关注相对收入带来的幸福效应。较低的相对收入意味着收入差距较大，会让农民工产生收入不公平感与机会不公平感，进而降低主观幸福感水平（李芳芝 等，2016；马万超 等，2018；王积超 等，2019）。“收入拐点”假说常常被用于解释“幸福悖论”，该假说认为人们收入的幸福效应存在边际递减现象，即达到临界点时，增加收入将不再提升人们的幸福感，并开始对幸福感产生负效应。该假说得到了许多学者的理论与实证支持，并作为解释“幸福悖论”的依据（张波 等，2017；刘成奎 等，2018；周世军 等，2019）。

亦有学者认为，经济学只关注收入、消费对人们主观幸福感的影响，忽视了其他许多变量的幸福效应，如健康、自由、利他行为、社会资本等非收入因素，造成了“忽略变量”的现象。田国强等（2006）构建了一个同时考虑收入因素与非收入因素的理论模型，通过实证分析验证了收入边际效应递减规律的同时，还指出政府需要增加公共支出以提高整个社会的幸福感程度。黄祖辉等（2016）从农民工个体特征出发探讨“幸福悖论”，发现收入对农民工幸福感的影响存在明显的代际差异，且收入对老农民工幸福感的影响要强于对新农民工的影响；此外，改善农民工的健康状况、受教育程度、婚姻质量等非经济因素对于提升农民工的主观幸福感具有重要作用。

从社会特征角度来看，已有文献主要围绕社会支持、社会网络、流动人口与农民工主观幸福感的关系展开研究，认为社会支持对农民工这一城市中的弱势群体的福祉改善具有重要作用。之所以存在社会支持与幸福感的内部关系，是因为这两者之间存在中介变量，而变量的中介效应会削弱社会支持与幸福感的相互关系（巴伦和肯尼，1986）。以农民工、青少年为主要对象的社会支持—幸福感研究通常把情绪、情感等心理变量作为社会支持的中介变量，如自我认知、心理弹性、希望（江波 等，2016；周悦 等，2019；焦璨，2020）。近年来，心理学与社会学领域开始关注自尊对社会支持与主观幸福感的中介作用。国外较早地关注了社会支持与主观幸福感的关系，大量的研究结果显示，得到较好社会支持的个体具有较好的心理健康、生活满意度评价（米汉 等，1993；苏尔多 等，2009）。国内学者也得出了相对一致的结论：胡美娟等（2011）研究表明，农民工的自尊在感知社会支持的基础上对主观幸福感具有显著作用；熊猛等（2013）则以城市农民工子女为被试对象得出了与胡美娟等（2011）研究相似的结论，并否定了自尊对社会支持、主观幸福感的调节作用；刘杨等（2013）进一步拓展了自尊对社会支持、主观幸福感的中介作用研究，发现农民工群体存在歧视→社会支持→自尊→主观幸福感的链式中介效应。

农民工人口流动始于20世纪80年代，且迅速成为普遍的社会现象并持续至今。农民工进城务工的重要目的之一是获取更高的收入，从该视角出发，似乎能够证明农民工外出务工一定能够提升自身的主观幸福感这一论点。有学者指出，城乡资源差距较大，农民工在城市中往往生活艰难，并不能通过迁移的方式改善幸福感水平（王文龙，2007；潘毅，2009），这说明学术界未能就农民工人口流动对主观幸福感的影响形成一致的意见。对人口流动增加农民工幸福感持反对意见的学者们研究发现，造成上述现象的原因是人际交往、生活环境、相对剥夺等一系列非经济因素抵消了收入的幸福效应（徐广路 等，2016；曾迪洋 等，2016；徐慧 等，2019）。进一步的研究发现，不同方式的人口流动对农民工主观幸福感具有不同的边际效应：相比于省内迁移，家庭式迁移、跨省迁移、孤身外出的农民工主观幸福感更低（陈素琼 等，2017；祝仲坤 等，2019）；外出务工能够提升老农民工的主观幸福感，但对新农民工的主观幸福感无显著作用（徐广路 等，2016）。上述研究表明，提高农民工在城市的务工收入并不能对其幸福感形成质变。随着农民工家庭化迁移趋势逐渐加强，减轻工作与生活压力，改善社会网络局限、社会参与不足，增强农民工的城市归属感才是提高农民工主观幸福感的关键。

三、文献评述

综上所述，目前关于不同层面、不同群体的幸福感研究十分丰富，学者们对幸福的内涵及幸福的影响因素研究越来越深入，并取得了一系列的进展。心理学、经济学、社会学的幸福感研究最初是从幸福感测度展开的，学者们对幸福感是“人的一种主观感受”达成共识，并尝试从宏微观层面进一步探讨影响幸福感的因素。

宏观层面的幸福感研究历经了从“唯GDP”到“多元因素”“唯客观指标”到“主客观结合”的思路变化；微观层面的幸福感研究也从“唯收入”过渡到“经济与非经济因素结合”。由此可见，学术界不同层面的幸福感研究最初都只认为财富增长能够提高人们的幸福感水平。但伊斯特林于1974年提出了“幸福悖论”，发现积累财富并不能够持续提高人们的幸福感水平，人们逐渐意识到还有大量的非经济因素影响着幸福感水平，边沁的功利主义难以解释学者们在该理论思想下观察到的“反常”现象。“幸福悖论”激发了学术界对人们研究幸福感的兴趣，目前解释“幸福悖论”成因的理论主要有“忽视变量理论”与“社会比较理论”。“忽视变量理论”是指财富增长为人们带来幸福感的同时，就业质量、休闲、生活环境等一系列非经济因素的恶化抵消了财富增长的正向幸福效应，从而形成“幸福悖论”；“社会比较理论”是指人们通过对比发现，尽管自身收入的绝对量增加了，但与他人的收入差距加大，从而产生被剥夺感，降低幸福感水平。

除了从宏微观层面展开幸福感研究，学者们还考虑到人们各年龄段、各身份类型的特征差异，展开了对青少年、老年人、农民工等特定群体的幸福感研究。青少年仍处于生理、心理塑造阶段，因此心理学更多地关注各种人格属性以及行为倾向对青少年主观幸福感的影响。大量已有研究发现，人格、情绪除了对青少年的主观幸福感具有直接效应外，还通过其他变量或者成为其他变量的中介对主观幸福感形成间接效应。老年人在人力资本、社会资本方面处于较大弱势，因此经济学、社会学已有研究围绕社会网络、社会支持对老年人主观幸福感的影响展开，发现大部分的社会支持能够显著提升老年人的主观幸福感水平，但家庭养老等非正式社会支持的幸福效应受到了质疑。农民工是在城镇工作、生活的弱势群体，他们进入城镇其中一个重要目的就是获取更好的收入以改善生活。因此，对农民工的幸福感研究主要围绕农民工生活各方面展开，但大部分已有研究只关注了收入、就业或福利政策实施对农民工主观幸福感的影响，这意味着既有研究旨在通过财政、货币方式直接或间接地提高农民工在城市的购买力，进而提高主观幸福感水平，较少从劳动供给、时间配置的角度考察农民工主观幸福感的影响因素。基于此，本书利用 2017 年 CGSS 调查数据，从主观幸福感的内涵出发，构建农民工主观幸福感的多维测度指标体系，测度不同特征的农民工主观幸福感水平；采用时间三分法将农民工的活动时间分为工作时间、家务时间和休闲时间，在此基础上将休闲时间进一步细分为社交时间、学习时间与休息放松时间，并构建计量模型分别考察各类时间活动对农民工主观幸福感的贡献及作用机制；为提升农民工主观幸福感提供理论基础与政策建议。

第四节　本章小结

本章首先介绍了研究问题的相关概念，包括农民工、主观幸福感与就业质量；其次对本书的理论基础进行介绍，包括效用理论、劳动供给理论和时间配置理论；最后对目前国内外包括农民工群体在内的幸福感研究的文献进行了归纳梳理。

随着研究的不断深入，学术界逐渐改变了物质财富一定能提升人们幸福感的理念。即宏观层面测度幸福指数的指标不再局限于 GDP 等经济指标，还包括健康水平、受教育水平等福利指标；微观层面的主观幸福感研究不再默认收入能一直提升个体主观幸福感，开始逐渐关注收入均等、社会网络等因素对主观幸福感的影响。主观幸福感作为人的一种主观感受，是人们对生活质量的情感反馈，而人们的生活包含了多个方面，且具有复杂的影响机制，因此使用合理的方法尽可能囊括影响农民工主观幸福感的因素，能够帮助我们更加全面地认识各类因素对农民工主观幸福感的贡献。

本书的理论基础主要为效用理论、劳动供给理论与时间配置理论，其中，时间配置理论可视作效用理论在时间维度的延伸。时间配置理论中的工作—闲暇理论将农民工的生活分成工作与闲暇两部分，从时间维度上实现了对农民工客观生活内容的涵盖。效用理论中的利己主义思想及其他缺陷曾经饱受诟病，但该理论随着数代经济学家的努力而日趋完善，至今仍然是经济学领域研究幸福感的理论基石。以此为基础，大多数已有研究旨在提高农民工的货币收入或购买力从而改善农民工的主观幸福感，但是较少关注“时间”这一无法直接用货币等价、且在当前时代背景下日益稀缺的资源对农民工主观幸福感的重要意义。时间配置对农民工生存、发展的重要性可能不亚于当前财富绝对量的增加，这些理论思想与研究结论为本书探讨农民工主观幸福感影响因素提供了一定的借鉴意义。

第三章　农民工主观幸福感影响因素及内在机制的理论分析

把时间视作一种有限的资源或商品时，我们可以认为农民工是服从时间约束的消费者，消费时间可以为他们带来效用。明瑟和贝克尔等学者的时间配置理论是解答“时间活动如何影响个体或家庭效用”的重要工具，本书基于上述理论模型，将农民工时间活动划分为不同的种类，结合劳动供给理论、家庭分工理论等探讨影响农民工主观幸福感的因素及内在机制。本书在既有的理论基础上对影响因素进行适度拓展及提出设想，以期深化相关理论分析，缓解遗漏变量导致的内生性问题，并较为充分地讨论时间活动对农民工主观幸福感的影响。

第一节　农民工主观幸福感的经济学渊源

西方国家对“幸福”的探索，往往把人设定为“虚幻人”，宗教观、国家观等的颠倒导致人们所获得的幸福都是虚幻幸福①。与西方传统幸福观不同的是，马克思幸福观并没有以道德来界定幸福的本质内涵，而是创造性地把人设定为“实践人”，将劳动与幸福关联起来，并进一步延伸、发展出“实践是幸福源泉”的论断，从而形成更为科学的哲学幸福观。该幸福观所提及的“幸福”，是指现实幸福，即在一定历史阶段、一定社会关系结构中，人因其本质力量的实现方式与实现状况（王鲁宁，2015）。马克思认为，在自愿劳动中，人的能动性、自主性和创造性得到自由发挥，人因主体性得到表现和实现而感到幸福。该论断说明：第一，实现人的自由全面发展会使人获得真实幸福；第

① 马克思，恩格斯. 马克思恩格斯全集（第3卷）[M]. 中共中央马克思恩格斯列宁斯大林著作编译局，译. 北京：人民出版社，2002：200.

二，人的幸福源自劳动，但并非所有的劳动都能够创造幸福。能够创造幸福的劳动应当是实现人的自由全面发展的劳动，或者说不再是奴役人，而是解放人的劳动。私有制中特定的、强制的社会分工与劳动，给人们带来的是能力发展的约束，并不会给人们带来幸福。

无产阶级竭力构建的共产主义社会之所以是能够让人们感到幸福的社会，是因为人类彻底摆脱生存的羁绊，劳动成为享受和发展的必然选项。人类在劳动中不仅满足了个体物质需求，还满足了个体精神需求与社会需求。然而，当代中国人的发展状况仍处于人的依赖、物的依赖以及能力依赖三者并存的状态，并且“物的依赖”状况较为突出（杨楹，2012）。生产力与生产关系的局限又带来了社会关系的局限，约束了人的自由、全面发展。

农民工是中国城乡二元体制在改革开放后的产物。改革开放极大程度地解放了社会生产力，并推动了生产关系以及社会关系的转变。根据马克思主义幸福观，农民工作为改革开放的建设者将通过自愿劳动获得幸福。然而当前我国生产力与生产关系的矛盾导致了农民工面临缺乏就业机会、过度工作等困境，未能充分享受到劳动对自身物质需求与精神需求的满足，成为城乡二元体制中无法定居与融入城市、又难以回到乡村的群体。

无论是在西方经济学还是马克思主义政治经济学的领域，时间都是一个可以用来衡量个体或群体劳动投入量的重要概念。时间成为稀缺资源，被视为现代社会及后现代社会的重要特征（郭鲁芳，2006）。在上述前提下，农民工从事各类活动获得回报（效用）需要以消费时间为代价。在当前生产力与生产关系尚未完善的背景下，过度工作或就业不足占据了农民工大量的时间，但对农民工产生的正向效应十分微弱。本章为了便于分析时间与农民工主观幸福感的关系，以时间配置模型作为基本框架，将活动时间分为工作时间、家务时间和休闲时间，分别探讨各类时间对农民工主观幸福感的影响。考虑到工作时间又与工作收入、单位性质等一系列因素密切相关，本章引入“就业质量”概念，进一步探讨工作时间与农民工主观幸福感的关系。

第二节　农民工工作状况对主观幸福感影响的理论分析

一、农民工就业质量对主观幸福感影响的理论分析

通常来说，衡量农民工的工作状况可从如下两个视角出发：第一是就业数量，如农民工就业率等；第二是就业质量，就业质量反映了人们整个就业过程

中的就业状况，是一个多维度的概念。目前学术界尚未形成统一的就业质量测度指标，但学者们基本上以工资收入、就业流动性、劳资关系、工作环境、社会保障等维度构建就业质量指标。本章在总结已有研究的基础上，从工作回报、工作时间、工作稳定性、基本社会保险以及工作单位类型五个维度探讨就业质量对农民工主观幸福感的影响。

（一）工作回报对农民工主观幸福感的影响

工作回报始终是就业质量概念中必不可少的一个维度，通常来说，工作回报可分为显性工作回报与隐性工作回报。显性工作回报以收入等物质性报酬为代表，而隐性工作回报包括农民工掌握工作技能等无法直接量化的报酬。收入是推动农民工走出乡村流入城市的重要因素之一，其对农民工主观幸福感的影响备受关注。主观幸福感作为人的一种主观感受，难以被准确测量，因此经济学领域通常用效用来衡量主观幸福感，受边沁的“快乐论”与功利主义思想以及人们日常生活经验的影响，学术界长期将经济增长作为一个社会所追求的目标，默认财富增长即福利改善（罗楚亮，2006），进而认为人们的收入与主观幸福感呈现正向关系。然而伊斯特林（Easterlin，1974）利用美国等 12 个国家的数据进行跨国比较研究后发现，国家经济的增长并不一定提高国民的主观幸福感，该现象被称为“伊斯特林悖论”或“幸福悖论”。上述结论引发各国学者围绕收入与幸福感展开大量理论与实证研究。弗雷等（Frey et al.，2002）、克拉克等（Clark et al.，2008）学者陆续发现，所研究的国家文化背景、政治制度、自然资源禀赋等各不相同，但基本都出现了“幸福悖论”的现象，伊斯特林利用中国数据进一步研究后发现，中国亦不可例外地存在“幸福悖论”。也有学者对“幸福悖论”提出质疑，迪纳等（Diener et al.，1995）、迪顿（Deaton，2008）等研究表明，一国的富裕程度与国民的主观幸福感显著相关。伊斯特林等（Easterlin et al.，2010）总结了已有研究经验，对“幸福悖论”进行修正后认为，一国的经济增长与国民的主观幸福感呈现 U 型关系，从长期来看，经济增长对国民幸福感的提升空间十分有限。

国内学者也围绕“幸福悖论”展开了研究，并在已有研究的基础上将收入区分为绝对收入和相对收入，得到的结论不尽相同。王玉龙等（2014）利用长沙市 452 名农民工调查数据研究发现，农民工绝对收入与主观幸福感具有显著的正向关系；尤亮等（2019）研究发现，绝对收入对农民工主观幸福感具有显著的提升作用，但存在“马太效应”；高启杰等（2019）通过调查北京市 16 个区 1 070 名居民的数据发现，个体绝对收入显著正向影响主观幸福感。相对收入反映了个体与参照群体的收入差距，学者们研究发现相对收入也和主观幸福感密切相关。马万超等（2018）发现，居民的相对收入与主观幸福感呈显著正向关系，但绝对收入对主观幸福感的影响并不显著。大多数研究结果表明，在截面数据中，中国居民的财富增长通常能够显著提升主观幸福感，但财富所带来的幸福回报不断削弱（李路路 等，2017）。

近年来，我国农民工的绝对收入持续增长，与此同时，其生活支出也逐年攀升。绝对收入对于农民工维持基本生活需要、支付人情往来、抵御农业自然灾害以及减轻家庭成员疾病负担具有重要的意义。在我国当前社会保障力度仍有提升空间的情况下，获取绝对收入是改善农民工生活质量的重要途径之一。通常来说，农民工大部分的绝对收入来自务工报酬，其他绝对收入由人情往来、社会保障等方面组成。在马斯洛需求层次理论中，人的需求从低到高依次为：生理的需求、安全的需求、归属与爱的需求、尊重的需求以及自我实现的需求。上述分析以及已有经验表明，当前我国的农民工仍普遍处于较低层次的需求，因此改善绝对收入水平能够相应提升农民工的主观幸福感（叶静怡 等，2017）。对于绝对收入水平较高的农民工而言，满足基本生理需求对其主观幸福感的边际贡献将变得微弱，农民工在就业的其他方面开始提出更高层次的要求，如缩短劳动时间、提高工作自由度，从而进一步提高个人福利。鉴于以上阐述，本章认为农民工的绝对收入对其主观幸福感仍然具有显著的提升作用，但该规律在农民工内部存在一定差异，即相比于低收入农民工群体，绝对收入对高收入农民工群体的主观幸福感边际贡献较弱。

（二）工作时间对农民工主观幸福感的影响

从我国城镇化进程来看，农民工对工作及业余生活的满意度越高，其返回农村的可能性越小。而农民工对工作及业余生活的时间配置会明显影响该两部分生活内容的质量，因此工作时间在一定程度上会影响农民工的福祉。《中华人民共和国劳动法》规定，劳动者每日工作时间不超过 8 小时，平均每周工作时间不超过 44 小时。大量已有研究表明，农民工群体普遍存在超时工作的现象，如程名望等（2012）通过分析 1 446 个在沪农民工的调查样本发现，农民工平均日工作时间达到 8. 84 小时，比政府的规定标准高出 10. 50%；潘泽泉等（2015）利用湖南省农民工调查数据推算出受访农民工中，有 25. 15%的农民工平均日工作时间超过 8 小时。工作时间过长往往会对农民工身心形成多方面的负面影响：第一是增加农民工承受的工作与生活压力，对农民工的健康造成极大危害（朱玲 等，2009；黄庆波 等，2015）；第二是挤占了农民工的业余时间，干扰农民工利用业余时间积累人力资本以及社会资本（潘泽泉，2015）；第三是积累工作疲劳，使农民工对工作、生活产生倦怠，生产效率下滑（石智雷 等，2015）。

有的实证研究以农民工的工作时间为自变量，得出“劳动时间与主观幸福感具有负向线性关系”的结论①。然而以上研究忽视了工作对农民工生活质量、情绪的积极意义以及农民工工作的不稳定性对个体福祉的负面影响。吴伟炯（2016）根据基数效用理论及边际效用递减规律刻画了工作时间配置与工作满意度的效用曲线，该效用曲线由三个阶段构成：第一阶段中，工作时间的边际效用为正，劳动者在较短的工作时间里不仅创造了经济价值，还满足了劳动者自身的心理需要；第二阶段中，工作时间的边际效用为0，工作带来的总效用达到最大值，此时的工作时间为劳动者最优工作时间；第三阶段中，工作时间的边际效用为负，增加工作时间会严重损害劳动者的福祉。此外，人力资本的不足导致农民工难以获得稳定的工作，只能通过打零工来增加劳动时间以获得更多的报酬。上述现象与已有研究的实证结果并不一致，结合吴伟炯（2016）的效用曲线可知，农民工的工作时间与主观幸福感应呈倒U形关系。

（三）工作自主权对农民工主观幸福感的影响

既有研究发现，工作的某些特征与特质（如工作稳定性、工作自主权、职业发展机会等）是幸福感重要的决定因素。德罗尼奇等（Drobnič et al.，2010）利用欧洲7国的生活质量调查数据研究发现，工作自主性和职业发展机会通过工作满意度间接作用于生活满意度；科德和宾德（Coad & Binder，2014）利用德国经济社会追踪调查（SOEP）数据研究发现，工作自主权能够显著正向影响生活满意度。国内已有研究结论与国外的基本一致，如唐海朋等（2016）以中小学教师为研究对象，发现教师自主能够直接正向预测职业幸福感；郭圣乾等（2020）选取了工作自主权作为反映工作压力的度量指标之一，说明工作自主权与个体的就业质量密切相关。本书认为，工作自主权较高的个体，往往拥有更多的机会在工作中依据自身的情况更好地配置工作时间与工作内容，减少工作疲劳并提高工作效率，实现个人的职业理想。

（四）基本社会保险对农民工主观幸福感的影响

党的十九届四中全会公报指出，要“健全以税收、社会保障、转移支付等为主要手段的再分配调节机制”。基本社会保险由基本养老保险、基本医疗保险、工伤保险、生育保险等险种共同构成，其中基本养老保险与基本医疗保险属于社会保险制度中最重要的险种。基本社会保险作为社会保障体系的核心

---

① 这类研究通常存在将生活满意度等同于主观幸福感的现象，本书只显示“劳动时间与主观幸福感的关系”相关研究。

组成部分，与人们的幸福感密切相关，但两者的关系需要进一步探讨。

已有文献归纳出社会保险对居民主观幸福感产生影响的两方面主要机制：一方面，居民为了规避可能的风险会采取预防性储蓄，储蓄的增加意味着居民当期消费的降低，会造成主观幸福感的损失。社会保险具有抵御风险的功能，减少未来不确定因素对其造成的损失，从而提高居民的主观幸福感（张子豪等，2018）。另一方面，社会保险具有收入再分配的功能。在社会总财富一定的情况下，社会保险覆盖面越广，表明政府汲取财政收入的能力越强，政府投入社会保险基金的财政收入所占社会总财富的比例越大，表明居民收入初次分配所得占社会总财富的比例越低，这意味着居民的主观幸福感会有所降低（比约恩斯科夫 等，2007）。

从货币视角来看，健康风险是农民工生活中最常遇到的风险之一，基本医疗保险能够减轻健康风险带来的损失，为可能造成的健康损失提供货币补偿，并且让农民工充分感受到公共服务的普惠性（孙玉栋，2019）；参加养老保险的农民工达到法定退休年龄后，将按月领取一定的养老金，增加个人财富的存量。领取养老金一定程度减少了农民工的预防性储蓄，增加了当期消费，从而提升了其主观幸福感（程名望 等，2020）。我国原本实行城乡二元基本社会保险制度，无论基本医疗保险还是基本养老保险均有明显的城乡差异。随着社会经济的发展，国家开始实行统一的城乡居民基本保险制度，整合基本医疗与基本养老保险，农民工的投保费用与保险金额均有所提升。综合以上分析，基本社会保险对农民工主观幸福感的作用方向与大小取决于其货币补偿和收取保费的净效应。

（五）单位类型对农民工主观幸福感的影响

就业不仅为劳动者带来了经济效应，还带来了社会效应，甚至形成阶层结构。国内外学者普遍认为，一个合理、稳定的社会结构应为“橄榄型”，然而已有研究指出，中国社会存在一个规模庞大的底层，农民和农民工则是这个底层的主体（毛哲山，2016），庞大的社会底层结构对底层群体福祉与社会稳定造成不良的影响。

苏岚岚等（2016）研究发现，以职业类型为测量标准的客观阶层地位越高的居民，其个体获得感相应越高；聂伟（2019）通过 2014 年国家卫生和计划生育委员会开展的专题调查数据研究发现，职业类型并不能显著影响农民工的获得感。以上研究为单位类型与个体主观幸福感的关系研究提供了参考，但相关研究为数不多，而且囿于数据限制，研究结论尚未统一。

韦伯的社会分层理论指出，人们的社会地位由其财产、权利和社会声望三种社会资源共同决定。在中国，不同制度安排下工作单位的资源分配状况各不相同，所从事的工作不同程度地反映了农民工个体当前所处的社会阶层，同时为其提供经济与社会资源，决定了农民工阶层流动的能力。然而当前农民工所获得的各类资源较少，阶层流动能力较差，难以观测阶层流动带来的效应。此外，结合马斯洛需求层次理论，农民工只有先满足基本需求（如生存、获得一定的收入、在城市定居）才会出现更高级别的需求。这意味着农民工在满足就业带来的经济效应之前，对就业的社会效应的需求处于较低的水平。

二、农民工工作收入对工作时长与主观幸福感的调节效应理论分析

劳动供给理论以及既有的实证研究均指出，在劳动力市场中，工资对劳动力供给具有显著影响，而劳动供给及行为决策与个体福祉密切相关（谢东虹，2016；张琪，2019）。农民工通常为了获取更多的收入而选择牺牲闲暇时间以延长工作时长，然而其收入提升的同时，工作时长对农民工主观幸福感的损害愈发明显。由此引申出一对矛盾：收入增加能够改善农民工的生活，但是超负荷的工作又使农民工身心俱疲，在同时考虑收入、工作时长的情况下，这两个因素是如何影响农民工主观幸福感的呢？

前文指出，过少的工作时间通常意味着农民工未能充分就业，存在失业风险，此时工作时长对农民工主观幸福感具有正向作用；随着工作时长的增加，农民工将从身体、心理上感受到工作的压力，工作时间对主观幸福感的正向作用持续减缓；当工作时长超过临界值时，工作时长对农民工主观幸福感具有负向作用，因此从整体来看，农民工工作时长与主观幸福感呈倒 U 形关系。上述规律是以农民工收入不变为前提的。吴伟炯（2016）认为，收入的变化将改变劳动者付出—回报的比例，引发新的压力感受，进而影响劳动者的主观福祉。具体而言，在收入提高的情况下，工作时间对主观福祉的倒 U 形影响变小，产生相对“平滑”的曲线。

然而，不同性别的农民工在社会、家庭中的地位存在差异，这种差异将导致工作时长对主观幸福感的影响机制有所差别。例如吴传琦等（2019）基于 2016 年中国劳动力动态调查（CLDS）的数据研究发现，在低收入群体中，工资水平对工作投入时间的弹性为正，且女性比男性拥有更高的弹性；工资水平较高时，工资水平对工作投入时间的弹性为负，且男性比女性拥有更高的负弹性，即男性减少工作投入的现象更加突出。本书认为，在“男主外、女主内”的传统思想影响下，女性农民工面临工作与家务活动的冲突更为明显，她们在工作收入、工作时间方面具有如下特征：第一，女性农民工的工作收入可能不

被视为家庭收入的主要来源，而是处于次要地位，作为家庭男性成员收入的补充，这意味着女性农民工有更大的概率因为照料家庭等原因放弃劳动供给；第二，收入的增长以及个人成就的实现将激励工作时长较短的女性农民工投入更多的时间到工作中；第三，同等工作时长条件下，女性农民工较男性农民工更早面临时间压力。因此，在工作收入增加到一定条件时，女性农民工将降低劳动供给以保证生活的有序运行。一旦实际工作时长超过女性农民工的劳动供给意愿，女性农民工的主观幸福感将大幅降低。

类似的情况还可能发生在不同婚姻状况的农民工群体中。未婚农民工通常不需要投入较多的时间用于维持家庭成员间的关系①，这意味着相比已婚农民工，未婚农民工降低劳动供给以保证家庭有序运行的概率更低，提高工作收入将缓解工作时长对未婚农民工主观幸福感的负面影响。但收入的增加仍然会改变未婚农民工的付出—回报比例，使未婚农民工的劳动供给意愿有所降低，即工作时长—主观幸福感的倒 U 形曲线“开口”变大，曲线整体向左移动。

第三节　农民工闲暇时间对主观幸福感影响的理论分析

一、家务活动时间对农民工主观幸福感影响的理论分析

在幸福经济学中，既有研究长期关注收入、政策等与个体福祉的关系，而时间作为一种稀缺资源，其重要性在近些年才逐渐被国内学者所重视。家务劳动作为创造价值的活动中的子集，其时间配置对个体、家庭福祉的影响研究却显得尤为不足。

家务时间对个体主观幸福感的影响主要由家庭内部分工理论与公平理论解释。贝克尔（Becker，1991）认为，家务活动应当通过最优的专业化分工，如丈夫将时间投入到劳动力市场，妻子则专注于家务活动，从而实现家庭效用的最大化。专业化分工依赖于家庭成员在家务分配中的议价能力，而这种议价能力由家庭成员掌握的相对资源所决定，因此掌握较多相对资源的成员意味着拥有较强的家务分配议价能力，进而可以回避家务活动（杜凤莲 等，2020）。公平理论则认为，当家庭成员在家务分配中处于平等地位时，他们拥有更高的幸福感（皮纳和本特森，1993）。

① 维持家庭成员关系的活动种类繁多，如与丈夫/妻子聊天、娱乐，照料家中幼童，这些活动通常具有维系成员间交往的特征，同时需要消耗一定的个人时间。

依照家庭内部分工理论的设定，家庭内部分工是个体乃至家庭兼顾劳动力市场活动与家务活动的最佳方案。然而随着社会的发展，上述生产关系的不足逐渐被人们所诟病：女性难以通过参与劳动力市场而实现个人价值，逐渐成为社会的弱势群体，并强化了性别不平等。即使女性成员参与劳动力市场愈发普遍，但仍被认为理应从事家务活动，相比男性成员，女性成员福祉将面临收入与时间的双重约束，进而大幅降低个体的主观幸福感。相对公平理论强调家庭成员在家务分配中地位的相对平等，这种相对平等的实现需要承担家务较少的一方减少享乐型消费或对承担家务较多的一方做出补偿（符国群 等，2020），其本质是通过资源再分配的方式缓解成员间付出—回报比例的不均等，使家庭成员的资源与地位处于相对平等的状态。基于上述分析，“相对平等”无法完全摒弃家庭内部分工的设定，家庭成员相对资源的多寡是决定用家庭内部分工理论还是公平理论解释家务活动配置的关键因素。

家庭内部分工理论与公平理论为分析家庭内部家务配置提供了理论基础。然而，个体不与家庭成员共同生活的现象在我国农民工群体中较为普遍，这使上述理论难以完全适用于农民工群体。符国群等（2020）研究成果为相对资源对家务分工的影响提供了新视角：为了维持家庭和谐，承担家务较少的一方通常对承担家务较多的一方做出补偿，而购买省时产品则是补偿的其中一种方式。这种方式使议价双方原本必须从事的家务时间变短，实现了“相对公平”。脱离家庭在外生活的农民工个体通常不存在与他人进行家务活动配置的博弈现象，农民工个体无法通过对家庭成员的比较优势回避家务。然而，根据社会比较理论的设定，农民工的相对资源不完全以其他家庭成员为参照，还有可能以社会全体成员为参照对自身的资源多寡进行定位。以全社会为参照，相对资源较高的、单独生活的农民工个体，仍然有可能通过购买省时产品来补偿自身对家务时间投入的不足。与家庭不同的是，单独生活的农民工不仅以消耗工作收入的方式补偿了家务时间投入的不足，还同时担当了家务较少而又获得“补偿”的角色。

在时间约束条件下，家务时间通常视作与工作时间或休闲时间互为替代关系的商品，这意味着家务活动时间可能存在劳动供给的价格弹性，并且劳动供给价格弹性因家务种类而异。农民工从事劳动供给价格弹性较高的家务的时间更容易受购买省时产品行为影响，因此随着相对资源的增加，农民工在这种家务活动时间的供给意愿明显降低；劳动供给价格弹性较小的家务活动受相对资源多寡的影响较小①。基于上述假设，本书认为，相对资源仅仅对部分农民工家务活动时间与主观幸福感具有调节作用。

二、休闲活动时间对农民工主观幸福感影响的理论分析

闲暇与休闲是一对近义词，既有研究常将它们相互替代使用。但在经济学、社会学研究中，闲暇与休闲具有不同的定义：闲暇与工作相对，闲暇时间是指工作时间以外的部分；闲暇活动由多种活动组成，而休闲则属于其中的活动之一，因此休闲从属于闲暇（魏翔 等，2018）。

休闲活动是人们在自愿的和有目的的休闲时间中所获取的体验质量和内在回报（魏翔 等，2018）。已有研究发现，休闲对个体的影响体现在如下几个方面：第一，休闲有效提高了个体的身体与心理健康水平，个体利用休闲时间达到消除疲劳、放松身心、保持良好心态的目的（波多尔，2012）；第二，个体通过参与、发展非职业性爱好等休闲活动获得积极的体验，培养与完善个体的人格与情感，进而促进非认知能力的发展（卢和阿盖尔，1994；施皮尔斯，2008）；第三，休闲提高了个体的创造力与工作效率，这是因为休闲可以提升个体的健康、智力、社交能力、知识水平等方面，进而实现人力资本积累（布鲁姆和坎宁，2000；戴维斯和霍尔，2014）。总而言之，大量经验证据表明，个体在休闲时间内从事不同的活动对个体福祉具有显著影响。

休闲时间是体现休闲活动数量与质量的重要方面，那么休闲时间是否影响农民工主观幸福感呢？王心蕊等（2019）指出，城市居民在快节奏生活中缺乏足量的休闲时间，休闲时间的增加能够提升其主观幸福感；宋瑞（2014）研究发现，休闲时间通过休闲活动参与等途径间接提升居民主观幸福感。多数研究认为，休闲时间与主观幸福感存在正向的线性关系。农民工普遍存在人力资本不足的现象，这导致农民工就业不稳定、超时工作的现象尤为突出（卢海阳 等，2018）。已有研究通常假定农民工超时工作，忽视了农民工存在就业不稳定而造成休闲时间过长的现象，因此休闲时间不一定与主观幸福感呈正向关系。当工作时间过长时，农民工需要增加休闲时间以缓解工作压力、充实生活；但当休闲时间过长时，会导致农民工收入受到损失，此时农民工主观幸福感随着休闲时间的增加而减少。因此，农民工的休闲时间与主观幸福感亦可能存在倒 U 形关系。如果存在上述关系，休闲时间对主观幸福感的影响又是通

① 导致某项家务活动的劳动供给价格弹性较小的原因众多，包括特定环境（如身处人员稀少的区域或社会上目前未能研发出相应的省时产品）下该项家务活动的省时产品极度稀缺、该项家务活动时间受个体偏好影响较小等情况。

过何种机制实现的呢？

前文指出，休闲活动具有提升人力资本的作用，莱希纳（Lechner，2009）、鲁夫（Rooth，2011）发现利用休闲时间参加运动对工作绩效、工资具有显著的影响。通常来说，工作收入的提高能够相应提升个体的主观幸福感，而休闲时间较长的农民工有更多的机会积累人力资本进而提高工作效率，获得更多的收入。因此农民工的工作收入在休闲时间与主观幸福感之间可能具有中介效应。

然而程名望等（2012）和石智雷等（2015）均指出，农民工存在休闲活动单调、休闲层次低的特点，在休闲时看书、学习及运动的农民工占比较低。既有研究说明，通过高质量的休闲提升人力资本，进而提升主观幸福感的方式在农民工群体中并不普遍。这意味着农民工的工作收入对休闲时间与主观幸福感的中介效应仍需进一步得到检验。

第四节　本章小结

本章以时间约束为前提，通过时间配置模型将农民工活动时间分为工作时间、家务时间与休闲时间。考虑到遗漏变量、模型设定可能带来的内生性问题，本章把就业质量纳入分析框架中，并采用倾向得分匹配法缓解可能存在的内生性问题。

本章第一节确定了构成就业质量内涵的维度，通过劳动供给理论讨论了工作时间对农民工主观幸福感的影响与作用机制，对既有研究结果进行适当补充。此外，本章第一节还基于已有研究对“幸福悖论”、购买基本保险对主观幸福感影响等问题进行探讨，对就业质量各维度作用主观幸福感的方向提出假设。

本章第二节包含了两部分内容，第一部分为农民工家务时间对主观幸福感的影响，第二部分为农民工休闲时间对主观幸福感的影响。本章第二节基于时间配置模型、家庭内部分工理论等经济学理论探讨个体投入的家务时间对主观幸福感的影响，并指出相对资源可能干预个体家务时间配置与主观幸福感的关系。

本章第三节明晰了闲暇与休闲的关系，在时间配置模型的基本思想下，综合既有研究结论阐述农民工休闲时间对主观幸福感的影响，并对工作收入是否中介了工作时间与主观幸福感进行了讨论。

第四章　农民工主观幸福感测度研究

长期以来，对主观幸福感的测度始终是主观幸福感研究中的重点。学者们对主观幸福感的内涵有着不同的理解，进而发展出了不同的主观幸福感测量方法。本章简要回顾主流的主观幸福感测度方法，确定主观幸福感的基本出发点，并参考邢占军的中国城市居民主观幸福感量表构建农民工主观幸福感测度指标体系，进一步地，根据指标构建结果讨论不同条件下农民工主观幸福感的得分情况和样本分布。

第一节　农民工主观幸福感的测度体系框架

一、农民工特征划分

改革开放以来，农民工进城成为我国这 40 多年来的时代特征之一。2019 年我国农民工总量为 29 077 万人，比 2018 年增长 0.8%。其中外出农民工 17 425万人，比 2018 年增长 0.9%。农民工群体庞大，其人口数约占全国总人口的五分之一，年龄跨度大且从事行业复杂多样。仅仅将农民工群体视作一个整体来进行研究，将会忽视该群体内部的异质性。因此，需要对农民工群体进行合理的划分，从而讨论主观幸福感在农民工群体内部的差异，清晰呈现农民工主观幸福感的特征。

（一）农民工性别特征

相比于城市居民，农民工的社会经济地位往往处于劣势，而女性农民工面临的歧视与相关权益的损害则更为明显。学术界对农民工性别差异的研究主要体现在就业方面。宗成峰等（2007）通过第一手数据研究发现，进城农民工在就业类型上存在差异，男性农民工借助体力优势主要从事体力型工作，女性农民工则主要从事美容美发、餐饮等服务型工作。刘秀红（2009）指出，农民工社会保险政策在项目设置、保险准入条件等方面存在性别盲点，忽视了女性生育、职业类型等不同于男性的特征，导致社会保险政策不利于女性农民工的社会保险权益得到保障。罗忠勇（2010）基于珠江三角洲地区的实证调查数据发现，农民工在企业打工期间并没有获得理应获得的劳动权益，而在劳动权益获得方面（工资、技能培训、辞工自由等）存在明显的性别差异，造成上述现象的原因有性别歧视、人力资本因素和组织制度因素。除了从总体上考察农民工就业质量的性别差异，学者们还尝试具体考察不同性别农民工的就业质量某一维度。钱文荣等（2012）利用浙江省农民工调查的微观数据通过分位数回归和分解发现，随着收入提高，农民工群体间的工资差距逐步扩大，但性别工资歧视程度不断降低，造成上述现象的原因在于性别歧视以及个人资源禀赋差异。张琼（2013）也指出了性别歧视所带来的负面影响，即通过对珠江三角洲和长江三角洲的问卷数据进行分析，发现女性农民工的月工资收入仅为男性农民工的73.94%，在控制有关变量特征后，差异仍然明显。李明艳等（2017）发现，人力资本禀赋因素的性别差异对性别工资差距的贡献非常小，农民工就业市场仍存在非常严重的性别歧视。张译文等（2012）指出，女性新生代农民工外出务工的净收益不小于男性，为保障女性农民工权益提供了又一依据。

（二）农民工婚姻特征

农民工进入城市生活后面临的又一重大问题是婚姻问题。李树茁等（2006）利用西安交通大学人口与发展研究所2005年中国深圳市农民工调查数据研究发现，流动后农民工的生育观念与行为仍具有明显的男孩偏好特征。靳小怡等（2009）则从性别视角系统分析了社会网络对农民工初婚观念和行为的影响。戚迪明等（2017）基于辽宁省不同规模城市新生代农民工样本发现，女性新生代农民工选择城市人作为婚恋对象的比例高于男性。李卫东（2019）基于性别和世代的视角研究了农民工的婚姻稳定性问题，发现女性农民工婚姻稳定性低于男性农民工。随着进一步研究，学者们发现，影响农民工婚姻构成、婚姻稳定、婚姻观念的因素不仅有男女性别差异，还包括了城乡社会结构、社会观念等方面的差异。马汴京（2015）研究发现，户籍等制度性因素较大程度地导致了男性农民工因大龄未婚遭受了幸福感损失，且其对社会经济条件较好者的影响尤为突出。施磊磊（2015）对青年农民工婚恋观念、行为、模式及其变迁历程进行研究，发现青年农民工婚恋模式的变迁历程并非从传统向现代的线性进化过程，而是呈现出传统和现代相结合的复式结构。

上述已有研究说明了婚姻特征是研究农民工问题的重要视角之一。考虑农民工婚姻特征既能从中发现农民工主观幸福感在性别方面可能存在的异质性，又能在一定程度上避免实证分析中由于忽视对性别变量的控制而得出有偏误的回归结果。

（三）农民工代际特征

农民工进城的现象至今已持续40多年，经济状况、社会观念的巨大变化导致了不同时期的农民工存在较多方面的显著差异，考察农民工的代际差异问题成为又一研究视角。行为研究方面，何军等（2014）在考察农民工土地流转行为时验证了老农民工与新农民工土地流转行为的差异。申鹏等（2014）研究发现，代际禀赋差异导致农民工消费行为的代际变化，使两代农民工产生了不同的身份认同。占绍文等（2014）在研究农民工文化消费状况后提出了解决农民工文化消费水平普遍偏低的对策建议。人口流动方面，彭长生等（2014）发现安徽省劳动力跨省流动人口数量继续增加，但占总流动人口比例有所下降，新生代劳动力正成为跨省流动的主要力量。孙小龙等（2015）采用Logit模型实证分析后发现，老农民工返乡定居的意愿稍高于新农民工。吕晓兰等（2016）则基于工资决定和留城意愿视角对农民工展开研究。也有学者从代际视角出发讨论农民工主观幸福感。盛光华等（2015）以新农民工为研究对象，分析其主观幸福感影响因素。梁土坤（2018）则从经济适应、社会适应、心理适应、制度适应四个维度对新农民工主观幸福感进行了实证研究。

（四）农民工受教育特征

讨论个体受教育程度与收入或其他福祉的关系是经济学、社会学领域长期关注的话题。接受教育是农民工增加人力资本、提升收入以及改变行为决策的重要渠道之一。收入方面，学术界研究发现，在不存在过度教育的情况下，农民工受教育水平越高，其收入也相应越高（王广慧和徐桂珍，2014；张锦华等，2018），“个体受教育程度与收入存在正相关”的结论得到多数研究的印证。个体健康、主观幸福感方面，目前多数研究将受教育程度以受教育年限或划分为数个学历程度来衡量，并将其作为计量模型的控制变量予以考察。研究发现，提高受教育程度能够显著提升农民工的工作获得感与主观幸福感（杨金龙和王桂玲，2019；尤亮 等，2019）。

（五）农民工特征划分依据

学术界对农民工特征的划分较为一致。农民工代际划分方面，王春光（2001）提出了“新生代流动人口”的概念，将上述人口定义为年龄在25岁以下且在20世纪90年代外出务工的人员。卜庆国（2017）、罗丞（2017）等学者将1980年作为定义新生代农民工的依据之一。此后，众多学者将1980年作为时间节点进行划分，即出生于 1980 年以后的农民工被定义为新生代农民工。本书将已有的主要划分结果作为依据，性别方面，主要把农民工划分为男性农民工和女性农民工；婚姻特征方面，则把农民工划分为未婚农民工和已婚农民工；代际方面，将出生于 1980 年以后的农民工划分为新生代农民工，出生于 1980 年以前的农民工划分为老一代农民工。考虑到农民工受教育水平普遍较低，本书在统计不同教育水平农民工的主观幸福感测度结果时，以农民工是否具有高中、高职或以上学历为标准，未具有高中、高职或以上学历的农民工被划分为低教育水平农民工，具有高中、高职或以上学历的农民工则被划分为高教育水平农民工。此外，本书还依据《中共中央国务院关于促进中部地区崛起的若干意见》《国务院发布关于西部大开发若干政策措施的实施意见》等文件，将全国划分为东部、中部、西部及东北地区，以考察农民工主观幸福感的区域差异。

二、经典的主观幸福感测度方法

在心理学、经济学等领域，现代幸福研究通常沿着两条路线展开：一条是以“主观幸福”为导向的研究范式；另一条则是以“客观幸福”为导向的研究范式（娄伶俐，2009）。在经济学领域，“主观幸福”概念得到了更多的支持，本书将延续上述传统，以主观幸福感作为测量农民工幸福感的标准。

如何准确地测量主观幸福感？学科的不断发展使测量主观幸福感的方法日益成熟，但针对各测量方法的精度、便捷度产生的争议不断，使主观幸福感测度方法研究至今仍是学者们关注的重点。总体而言，主观幸福感的测度方法可分为两种形式：一种是自陈量表，另一种则是基数测量。

（一）自陈量表法

目前，经济学、社会学对主观幸福感的测度通常以自陈量表的形式实现。主观幸福感是人类的一种主观感受，每个人对幸福的定义、感知并不相同，因此有学者认为，人们会根据自身的理解对问题做出判断，单项自陈量表法能够较好地反映受访对象的主观幸福感。单项自陈量表法是通过受访对象对自身的幸福感做出整体评价，从而实现主观幸福感测度的方法，其中以世界价值观调查（WVS）的提问最具代表性，WVS 向受访对象提问：“总体而言，您认为您有多幸福：非常幸福、相当幸福、不十分幸福、一点也不幸福。”受访对象只需要从上述四个选项中选取最符合自身情况的一项，即可实现主观幸福感的测度。这种单项提问方法简单明了，数据采集简洁方便，已经被广泛用于跨国的幸福测量中。

除了使用单项自陈量表测度主观幸福感，基于主观幸福感的内涵而使用多维自陈量表测度主观幸福感也是常用的测量方法。学术界认为，人们对主观幸福感的评价分为两类：第一类是对生活满意度的评价；第二类是对积极情感与消极情感的评价。因此测度主观幸福感的量表也相对应地分为生活满意度评价与情感评价两大部分，情感评价又由积极情绪评价与消极情绪评价两个分量表构成。衡量生活满意度的量表主要有迪纳等（Diener et al.，1985）的生活满意量表（SWLS）以及安德鲁斯和威西（Andrews & Withey，1976）的快乐—忧伤量表（D-T 量表）；衡量情感的量表主要有布莱德伯恩（Bradburn，1969）的情感平衡量表（ABS）、贝克（Beck，1967）的抑郁问卷等。

国内学者在总结国外已有经验的基础上，尝试编制符合中国国情的居民主观幸福感量表。例如邢占军（2003，2005）从中国的经济社会和文化背景出发，编制了城市居民幸福感量表，该量表由充裕感、公平感、安定感等 10 个指标组成。由中国人民大学主导的中国综合社会调查则是延续了 WVS 的测度方法，将主观幸福感分为“十分不幸福、比较不幸福、说不上幸福不幸福、比较幸福、十分幸福”5 个选项，由受访者根据自身实际情况做出选择。

以自陈量表的形式测度主观幸福感一度受到学者们的质疑，理由有如下几点：一是使用量表时，受访者的生理、情感状况可能会影响当前其对自身主观幸福感的准确判断，比如，一个非常幸福的人在受访时情绪低落，那么他有可能会判断自身非常不幸福，从而使报告结果低于真实状况；二是量表呈现的是受访对象主观幸福感数值所在的区间，并非受访对象真实的主观幸福感数值；三是构建多维度主观幸福感指标体系时，指标的选取带有主观性，也许会造成测量误差。但也有经验研究表明，自陈量表测度结果表现出了较好的心理测量学属性（Frey & Stutzer，2002），人们对问题的主观回答是能够充分反映自身幸福水平的。对于大样本数据而言，上述主观幸福感测度误差属于随机误差，并不会影响整体测量结果的准确性，而已有的实证研究也支持了上述观点（维恩霍文，1984）。这为自陈量表作为测度幸福的有效主流形式提供了科学依据。

（二）基数测量法

随着实验心理学、脑科学的发展，主观幸福感的测度方法不断获得更新。自陈量表是基于被试对自身回忆或者经历做出评价而测得结果的，该结果通常具有比较性质但难以反映被试者经历体验时的情感数值，且测度结果容易受被试的情绪影响。而基数测量形式尽可能地将被试情感按不同时间段以基数形式呈现，在一定程度上弥补了自陈量表的缺陷。因此，以即时情绪测量法为代表的基数测量方式获得了学术界的关注。在即时情绪测量形式中，最为经典的是体验取样法（experience sampling method，ESM）与日重现法（day reconstruction method，DRM）。

1. 体验取样法

体验取样法是在一定的时间内，被试在事件发生或者随机的瞬间，回答研究者的问题，从而实现关于情感体验的数据收集的方法，这种方法最早被契克森米哈（Csikszentmihalyi，1977）应用于社会心理学领域，该方法体现的是在真实情境下进行动态即时研究的思想。使用体验取样法可以探索如个体的情绪、行为等变量随时间的变化（博尔格 等，2003；马德里 等，2014；张银普 等，2017），这意味着测得的变量结果是片段的、动态的（斯宾塞 等，2011）。为了便于即刻测量项目，被试通常需要借助钟表、寻呼机、掌上电脑等仪器接收提醒信号（段锦云和陈文平，2012）。体验取样法要求被试在一定的时间内，在多次接收到提醒信号后即时反馈信息，这对信号发射工具的性能、被试的反应时间等有一定的要求，被试在参与体验取样法时将承受较大的负担，因此体验取样法花费较大，难以在大样本人群施测（耿晓伟 等，2013）。

2. 日重现法

鉴于体验取样法存在一定的不足，卡尼曼等（Kahneman et al.，2004）提出了更为便捷可行的方法——日重现法。日重现法是根据一定问题的框架，引导被试回忆、再现一天的活动和体验状况，并对这种状况进行评估的测评方法。该方法由四部分内容构成：第一部分是记录被试的人口统计学信息；第二部分是让被试以电影片段的方式回顾前一天主要的生活事件并进行命名，记录每个片段的感受与情绪；第三部分是对回顾的每一个片段进行详细的描述，回答当时从事什么活动、在哪里、正在与谁交往等问题；第四部分为调查有关的其他信息。日重现法记录的是被试对一整天的情景评价，记录结果能够提供详细的时间分配信息，因此其测度结果相比于体验取样法抽样片段的结果包含更丰富、稳定的信息。此外，日重现法采取语境的科学方法，通过联系上下文网络确定节点的意义，避免或减少回溯报告偏差，使测度结果更加准确。国内外学者借助日重现法，对不同群体的主观幸福感进行测度，而测度群体通常以区域、职业作为划分标准。卡尼曼等（Kahneman et al.，2004）测量了得克萨斯州 909 名职业女性的幸福感；苏勇（2014）在测量了山东省某市 122 名中学教师的主观幸福感后，发现中学教师的幸福感偏低；任杰等（2010）则是分析了广州市主观幸福感的特点，并考察了日重现法的适用性；张峰等（2015）基于日重现法测量了山东省农村居民幸福感，发现农村居民在日常生活中最愉快的活动是亲密关系活动，其次是宗教活动、玩。

日重现法的优势在于能够有效克服被试可能存在的记忆偏差、情绪干扰等问题，为精确测量主观幸福感提供了科学依据（冯贺霞，2014）。但人们的主观感受、生活经历存在日期（如工作日与节假日）的差异，而该方法只要求被试重现前一天的生活，鉴于此，日重现法的适用范围有待进一步研究（耿晓伟 等，2013）。

三、农民工主观幸福感测度的维度与指标

目前学术界对主观幸福感相关理论基础构建十分薄弱，因此在主观幸福感的测度理论构建、测度指标选定及测度指标赋权等方面仍然存在较大的争议。鉴于此，本章基于前文关于主观幸福感哲学观的讨论，借鉴邢占军（2003，2005）的中国城市居民主观幸福感量表，构建农民工主观幸福感测度指标体系。

中国城市居民主观幸福感量表的编制步骤大致如下：①通过阅读已有文献与实行访谈、座谈，初步提出组成我国城市居民主观幸福感的测量指标体系，并分别命名；②依据初步构建的测量指标体系，编制成调查表，采用因素分析与逻辑分析相结合的方式对调查表进行分析，形成初步的测验；③依据探索性因素分析的结果对原测量指标体系进行修正，形成新的调查表，并采用同样的方法对新调查表进行项目分析后形成新的测验；④经过多次项目分析，选定测量性能较好的项目组成较为理想的最终测验；⑤最终测验经过一定规模的常模样组施测，并在取得相应的常模后完成量表的编制①。

邢占军（2005）经过四轮项目分析，在山东省范围内抽样取得地方性常模后，形成了我国城市居民主观幸福感量表。项目分析的过程也是测度量表指标体系不断完善的过程，能够剔除效度与信度较低的测量指标，并且项目分析过程所调查的样本均为我国国民，较好地消除了东西方文化差异导致的量表测量误差，因此该量表对本书构建农民工主观幸福感测度指标体系具有重要的借鉴意义。

在最后一轮的项目分析中，本书通过主成分分析法、方差最大正交旋转法获得了特征根大于 1 的 10 个公共因子，并对这 10 个公共因子进行命名，分别为知足充裕体验、心理健康体验、社会信心体验、成长发展体验、目标价值体

---

① 邢占军（2003，2005）测验所含项目主要来自以下方面：一是直接选自国内外已有测验选题；二是由某些量表中的一些选题修改而来；三是自行编制题目。

验、自我接受体验、身体健康体验、心态平衡体验、人际适应体验、家庭氛围体验。其中，人际适应体验、心理健康体验、家庭氛围体验与身体健康体验构成了健康体验维度，知足充裕体验、心态平衡体验与社会信心体验构成了满足体验维度，成长发展体验、目标价值体验与自我接受体验构成了发展体验维度。上述 3 个维度、10 个公共因子既是我国城市居民主观幸福感量表的构成维度与指标，亦是本书所尝试用于构建农民工主观幸福感测度指标体系的参考内容，各维度的指标选取及赋值如下：

（一）健康体验维度

1. 人际适应体验

人际适应体验反映了被试在人际交往中的满意程度，本书以农民工对观点“我常常感到自己很难与他人建立友谊”的同意程度测度人际适应体验水平，该指标采取 6 分量表，1 表示“非常不同意”，6 表示“非常同意”。得分较高的样本缺乏亲密、真诚的人际关系，与他人相处难以做到开诚布公、轻松自如，并在人际交往中感到孤独与挫败；得分较低的样本拥有亲密、真诚的关系，在人际交往中能够相互理解、互谅互让。

2. 心理健康体验

心理健康体验反映了被试面对日常工作与生活的心态，本书以农民工对观点“碰到不开心的事情时，很长时间我都打不起精神来”的同意程度测度心理健康体验水平，该指标采取 6 分量表，1 表示“非常不同意”，6 表示“非常同意”。得分较高的样本疲乏无力，处理日常事务时常感受到不同程度的压力，性格忧郁，经常感受到委屈，无法从容面对困难；得分较低的样本精力充沛、心胸开阔、性格开朗，遇到困难能够从容应对。

3. 家庭氛围体验

家庭氛围体验反映了被试的家庭关系的和谐程度，本书以农民工对观点“我有时感到很难与家人（包括父母、爱人、孩子等）沟通”的同意程度测度家庭氛围体验水平，该指标采取 6 分量表，1 表示“非常不同意”，6 表示“非常同意”。得分较高的样本家庭关系紧张，家庭成员之间在相互理解、沟通方面存在一定的困难；得分较低的样本拥有良好的家庭关系，经常感受到家庭的温暖，家庭成员之间相互理解，家庭氛围轻松和谐。

4. 身体健康体验

身体健康体验反映了被试对自身身体健康的满意程度，该指标与经济学、社会学研究中的“自评健康得分”有相似之处。本书以农民工对观点“我经常感到自己身体某些部位特别不舒服”的同意程度测度身体健康体验水平，该指标采取 6 分量表，1 表示“非常不同意”，6 表示“非常同意”。得分较高的样本对自己的健康状况感到不满，因为一些疾病而感到苦恼；得分较低的样本对自己的健康状况感到满意，没有感到身体某些部位的不适，没有为一些疾病而感到苦恼。

（二）满足体验维度

1. 知足充裕体验

知足充裕体验反映了被试对个人及家庭客观物质条件的满意程度，本书以农民工对观点“我对家里的收入感到满意”的同意程度测度知足充裕体验水平，该指标采取 6 分量表，1 表示“非常不同意”，6 表示“非常同意”。得分较高的样本对个人及家庭客观物质条件感到满意，对生活保持合理的期待，不会因经济条件而感受到某种压力；得分较低的样本则对个人及家庭客观物质条件感到不满意，对生活不能保持合理的期待，并且因经济条件而感受到某种压力。

2. 心态平衡体验

心态平衡体验反映了被试坦然接受生活现状的程度，本书以农民工对观点“我的运气比别人差”的同意程度测度心态平衡体验水平，该指标采取 6 分量表，1 表示“非常不同意”，6 表示“非常同意”。得分较高的样本对自身的生活现状较为不满，并将原因归结为自己运气不好、命运不公；得分较低的样本能够坦然接受自身生活现状，平和地看待自身与他人的生活。

3. 社会信心体验

社会信心体验反映了被试对社会发展趋势的信心，本书以农民工对观点“我对社会的发展感到很有信心”的同意程度测度社会信心体验水平，该指标采取 6 分量表，1 表示“非常不同意”，6 表示“非常同意”。得分较高的样本对社会发展趋势充满了信心，相信社会的发展对人们有利；得分较低的样本对社会发展趋势缺乏信心，不相信社会的发展对人们有利。

（三）发展体验维度

1. 成长发展体验

成长发展体验反映了被试积极面对生活以及自我成长的综合态度，本书以农民工对观点“随着年龄增长，我从生活中悟出了许多道理，这使我变得更坚强、更有能力”的同意程度测度社会信心体验水平，该指标采取 6 分量表，1 表示“非常不同意”，6 表示“非常同意”。得分较高的样本能够积极面对生活，清楚感受到自身的进步，把生活作为一个不断学习、提高的过程，并克服遇到的困难；得分较低的样本难以积极面对生活，无法感受到自身的进步，并没有把生活作为一个不断学习、提高的过程，不能够克服生活中遇到的困难。

2. 目标价值体验

目标价值体验反映了被试对人生目标与价值的了解程度，本书以农民工对观点“我不清楚自己一生所做的事情有什么意义”的同意程度测度目标价值体验水平，该指标采取 6 分量表，1 表示“非常不同意”，6 表示“非常同意”。得分较高的样本感受不到所做事情的乐趣，不清楚自己一生的追求；得分较低的样本能够从所做的事情中感受到乐趣，了解自己一生的追求，理解当前所做事情的意义。

3. 自我接受体验

自我接受体验反映了被试对自己持有肯定态度的程度，本书以农民工对观点“我比较喜欢自己的个性”的同意程度测度自我接受体验水平，该指标采取 6 分量表，1 表示“非常不同意”，6 表示“非常同意”。得分较高的样本对自身持有肯定的态度，承认与容忍自身多方面的优缺点；得分较低的样本对自身持有否定的态度，无法接纳自身的优缺点。

四、农民工主观幸福感维度与指标权重

（一）权重设定方法

学术界围绕主观幸福感维度、指标及其权重的设定从未停止争论。对于由多项指标构成的主观幸福感，其维度与指标权重的设定是无法回避的话题。目前主观幸福感维度与指标权重的设定方法主要有等权重法（科兹马 等，1980；迪纳 等，1985；许敏兰，2019）和因子分析法（邢占军，2003；孟万金 等，2020），这两种权重设定方法各有优劣。

（1）等权重法。等权重法是指对各维度或指标赋予相同的权重。依照赋权区域的不同，等权重法可进一步分为等维度权重法和等指标权重法。等维度权重法先将所有维度赋予相等的权重，再将各维度权重平均分配给相应的指标；等指标权重法则是直接将权重平均分配给所有指标。等权重法具有操作便捷的优势，但默认了所有维度或指标对主观幸福感的影响是一样的，在实际运用中可能会形成误差。

（2）因子分析法。因子分析法采用降维的思想，将多个维度或指标浓缩为较少的概括性指标。与主成分分析法不同的是，因子分析法通过构建少数因子来反映各变量之间的内部关系。这几个因子能够反映原来较多变量的信息，从而简化原始维度或指标的表达。最终原始变量被表达为公共因子、特殊因子和误差的线性组合。因子分析法的优点在于得到的权重更具统计学上的合理

性；缺点在于对基础数据的质量要求较高，容易造成大量的信息损失，且合理命名因子存在一定难度。

（二）权重划分结果

综上所述，农民工主观幸福感维度和指标权重的划分方法主要有等权重法和因子分析法。等权重法便于操作，因子分析法能够克服维度或指标间的共线性。在确定农民工主观幸福感测度的维度与指标时，本书初步对涉及多指标构成的维度进行了相关性检验，并对高相关性的指标作替换处理。在相关性检验结果中，除了心态平衡体验—家庭氛围体验系数、心态平衡体验—目标价值体验系数、心理健康体验—目标价值体验系数与家庭氛围体验—心态平衡体验系数共 4 项系数超过 0.3 外，绝大多数指标相关性系数均在 0.3 以下，这说明农民工主观幸福感各指标间共线性较小，不宜使用因子分析法确定权重。农民工主观幸福感各指标相关性系数检验如表 4-1 所示。

表 4-1　农民工主观幸福感各指标相关性系数检验

指标	家庭氛围体验	社会信心体验	成长发展体验	目标价值体验	身体健康体验	知足充裕体验	人际适应体验	心态平衡体验	心理健康体验	自我接受体验
社会信心体验	0.132									
成长发展体验	0.156	0.262								
目标价值体验	0.225	0.188	0.099							
身体健康体验	0.226	0.037	0.106	0.264						
知足充裕体验	0.107	0.268	0.182	0.143	0.084					
人际适应体验	0.268	0.178	0.203	0.260	0.268	0.047				
心态平衡体验	0.306	0.169	0.181	0.328	0.248	0.279	0.228			
心理健康体验	0.290	0.126	0.152	0.305	0.289	0.162	0.257	0.268		
自我接受体验	0.133	0.207	0.235	0.069	0.033	0.220	0.083	0.114	0.169	
家庭氛围体验		0.132	0.156	0.225	0.226	0.107	0.268	0.306	0.290	0.133

注：相关性系数的正负号仅反映相关性方向，与相关性大小无关，因此表中仅显示相关性系数数值。

因此，本书采取了等权重法来确定农民工主观幸福感各指标权重，等权重法又分为等维度权重法与等指标权重法。通常来说，等指标权重法适用于各维度只有一个指标的测度体系，等维度权重法适用于多维度、且每个维度拥有多个指标的测度体系。本书所构建的农民工主观幸福感指标体系由 3 个维度、10 个指标组成（健康体验维度包括 4 个指标、满足体验维度包括 3 个指标、发展体验维度包括 3 个指标），因此本书研究适用等维度权重法。

农民工主观幸福感各指标的量表分数并不相同，且个别指标得分越高，所反映指标状况越差。例如，农民工身体健康体验得分越高，其含义是农民工自评身体健康越差。为此，我们需要将具有上述情形的指标得分倒置，即改变上述两个指标的得分方向而不影响指标体系的数值。具体公式为

$$c_{ij} = c_{j-max} + c_{j-min} - c'_{ij} \tag{4-1}$$

其中，c_{ij} 为倒置后第 i 个样本中的第 j 个指标得分；c'_{ij} 为倒置前第 i 个样本中的第 j 个指标得分；c_{j-max} 和 c_{j-min} 分别为第 j 个指标的最大得分值与最小得分值。

经过倒置处理后，所有指标得分含义趋于一致。各指标最小得分值均为 1，最大得分值为 6，对各指标数据标准化（normalization）后，所有指标的得分将被压缩到［0，1］区间。数据标准化公式为

$$C'_{ij} = \frac{c_{ij} - c_{j-min}}{c_{j-max} - c_{j-min}} \tag{4-2}$$

式 4-2 中，C'_{ij} 为数据标准化后第 i 个样本中的第 j 个指标得分。经过数据标准化后，所有指标的得分位于［0，1］区间，具备使用等权重法分配各指标权重的条件。

本书将权重总值设为 1，各维度的权重值为维度总数的倒数，农民工主观幸福感指标权重分配如表 4-2 所示。所有维度的权重值均为 1/3，指标权重值为对应维度的权重值与维度所辖指标数倒数的乘积。其中，人际适应体验、心理健康体验、家庭氛围体验、身体健康体验 4 个指标的权重值分别为 1/12，知足充裕体验、心态平衡体验、社会信心体验、成长进步体验、目标价值体验与自我接受体验的权重值分别为 1/9。

表 4-2 农民工主观幸福感指标权重分配

维度名称	维度权重	指标名称	指标权重
健康体验	1/3	人际适应体验	1/12
		心理健康体验	1/12
		家庭氛围体验	1/12
		身体健康体验	1/12
满足体验	1/3	知足充裕体验	1/9
		心态平衡体验	1/9
		社会信心体验	1/9

表4-2(续)

维度名称	维度权重	指标名称	指标权重
发展体验	1/3	成长进步体验	1/9
		目标价值体验	1/9
		自我接受体验	1/9

第二节 农民工主观幸福感的测度结果

一、农民工相同主观幸福感水平下各测度指标得分状况

若将农民工主观幸福感的分值均分为5个区间，考察每个区间中各测度指标的得分均值，汇总后的结果见表4-3。表4-3中均值最低的三个测度指标分别为知足充裕体验、成长发展体验与自我接受体验，其中知足充裕体验得分在主观幸福感各区间均明显低于其他指标，说明样本中的农民工群体对自身及家庭的物质条件满意度不足，物质条件的不满足降低了农民工群体的主观幸福感。此外，农民工成长发展体验得分普遍较低，说明农民工存在难以感受到自身进步的情况，这在一定程度上说明农民工面临着较大的生活压力。心理健康体验与目标价值体验在主观幸福感各区间里均有较高的得分，这两个指标的均值分别为0.753和0.708，说明农民工的主观幸福感水平较为依赖积极的情绪与明确的生活追求目标。主观幸福感数值低于0.6的农民工，其知足充裕体验、社会信心体验与身体健康体验得分较低；而拥有较高主观幸福感的农民工对心理健康体验、人际适应体验与家庭氛围体验有较高的评价。主观幸福感数值高于0.6时，农民工家庭氛围体验得分与人际适应体验得分差距缩小。这说明在较高的主观幸福感的区间，家庭氛围体验对主观幸福感的边际贡献大于人际适应体验。以区间（0.2，0.4］为参照，各指标中，家庭氛围体验与心态平衡体验在各区间的均值有较大幅度的变化，其均值变化为0.599。

表4-3 不同主观幸福感取值区间下各指标均值

指标名称	各指标均值	主观幸福感数值所在区间				
		[0,0.2]	(0.2,0.4]	(0.4,0.6]	(0.6,0.8]	(0.8,1]
人际适应体验	0.693	0	0.409	0.592	0.738	0.896

表4-3(续)

指标名称	各指标均值	主观幸福感数值所在区间				
		[0,0.2]	(0.2,0.4]	(0.4,0.6]	(0.6,0.8]	(0.8,1]
心理健康体验	0.753	0	0.600	0.676	0.780	0.925
家庭氛围体验	0.688	0	0.290	0.557	0.755	0.889
身体健康体验	0.645	0	0.290	0.494	0.719	0.850
知足充裕体验	0.507	0	0.191	0.398	0.552	0.746
心态平衡体验	0.666	0	0.290	0.557	0.716	0.889
社会信心体验	0.632	0	0.290	0.492	0.696	0.868
成长发展体验	0.603	0	0.255	0.453	0.675	0.814
目标价值体验	0.708	0	0.618	0.621	0.737	0.889
自我接受体验	0.620	0	0.318	0.507	0.662	0.893

（一）不同个体特征农民工主观幸福感测度指标得分情况

表4-4为相同主观幸福感水平下不同性别农民工主观幸福感测度指标得分情况。男性农民工主观幸福感均值为0.652，女性农民工主观幸福感均值为0.650[①]。以区间（0.2，0.4]为参照，男性农民工群体中，家庭氛围体验数值变化最大，达到0.580；而女性农民工群体中均值变化最大的指标为知足充裕体验，其变化幅度为0.729[②]。当农民工主观幸福感水平位于区间（0.2，0.4]时，多数男性农民工主观幸福感测度指标水平高于女性农民工，且有4项指标数值之差大于等于0.05。但随着主观幸福感水平的提升，女性农民工主观幸福感测度指标数值大于男性农民工的数量有所提升。这说明，农民工群体可能存在这一现象：当整体主观幸福感水平较低时，男性农民工比女性农民工更容易感到幸福，而当主观幸福感水平较高时，女性农民工比男性农民工更容易感到幸福。

当农民工主观幸福感水平位于区间（0.2，0.4]时，女性农民工知足充裕体验、心态平衡体验、自我接受体验水平低于男性农民工，但随着整体主观

① 参照表4-2的权重计算方式，得出样本中每一位农民工的主观幸福感数值，进而分别得出男性农民工与女性农民工的主观幸福感均值。下文中不同婚姻状况、不同代际、不同教育水平、不同区域的农民工主观幸福感均值的计算方式同上。

② 指标的变化幅度由指标在（0.8，1]的数值与参照区间（0.2，0.4]的数值相减得出。下文中各指标的变化幅度计算方式同上。

幸福感水平的提升，即当农民工主观幸福感水平位于区间（0.8，1］时，女性农民工在上述3个指标方面的得分逐渐高于男性农民工，这说明知足充裕体验、心态平衡体验、自我接受体验对女性农民工主观幸福感有较大的边际贡献。在主观幸福感5个得分区间中，男性农民工的身体健康体验得分均高于女性农民工，说明男性农民工相比于女性农民工对自身的身体健康状况更加满意；但各得分区间中，女性农民工在人际适应体验、心理健康体验与家庭氛围体验3个测度指标的得分多数高于男性农民工，说明女性农民工在健康体验维度方面的得分要高于男性农民工。

表4-4　相同主观幸福感水平下不同性别农民工主观幸福感测度指标得分情况

指标名称	性别	主观幸福感数值所在区间				
		[0,0.2]	(0.2,0.4]	(0.4,0.6]	(0.6,0.8]	(0.8,1]
人际适应体验	男	0	0.360	0.581	0.738	0.887
	女	0	0.514	0.606	0.737	0.908
心理健康体验	男	0	0.546	0.677	0.782	0.913
	女	0	0.714	0.674	0.778	0.938
家庭氛围体验	男	0	0.280	0.565	0.747	0.860
	女	0	0.314	0.546	0.767	0.923
身体健康体验	男	0	0.320	0.509	0.720	0.893
	女	0	0.229	0.474	0.718	0.800
知足充裕体验	男	0	0.240	0.375	0.556	0.687
	女	0	0.086	0.426	0.547	0.815
心态平衡体验	男	0	0.293	0.566	0.715	0.867
	女	0	0.286	0.544	0.717	0.915
社会信心体验	男	0	0.307	0.505	0.697	0.860
	女	0	0.257	0.476	0.693	0.877
成长发展体验	男	0	0.307	0.483	0.687	0.826
	女	0	0.143	0.415	0.656	0.800
目标价值体验	男	0	0.600	0.613	0.739	0.880
	女	0	0.657	0.631	0.734	0.900

表4-4(续)

指标名称	性别	主观幸福感数值所在区间				
		[0,0.2]	(0.2,0.4]	(0.4,0.6]	(0.6,0.8]	(0.8,1]
自我接受体验	男	0	0.333	0.528	0.645	0.860
	女	0	0.286	0.480	0.688	0.931

表4-5为相同主观幸福感水平下不同婚姻状况农民工主观幸福感测度指标得分情况。未婚农民工的主观幸福感均值为0.641，已婚农民工的主观幸福感均值为0.647。以区间（0.2，0.4］为参照，未婚农民工群体中，均值变化最大的指标为知足充裕体验，其均值变化幅度为0.686；已婚农民工群体中，均值变化最大的指标为心态平衡体验，其均值变化幅度为0.622。当主观幸福感数值位于区间（0.2，0.4］时，已婚农民工在心理健康体验、家庭氛围体验、知足充裕体验、目标价值体验、人际适应体验、社会信心体验6项主观幸福感测度指标中的得分均值高于未婚农民工。但随着农民工整体主观幸福感水平提升，已婚农民工在心理健康体验、家庭氛围体验、身体健康体验、知足充裕体验和目标价值体验的测度指标得分均值将呈现出低于未婚农民工的趋势。已婚农民工的人际适应体验、家庭氛围体验、社会信心体验3项测度指标得分在各区间均值多数高于未婚农民工，但绝大多数情况下，已婚农民工身体健康体验、成长发展体验方面在各区间的得分均值低于未婚农民工。同一主观幸福感水平下，各测度指标对不同婚姻状况农民工主观幸福感的贡献有所差异：人际适应体验、家庭氛围体验、社会信心体验对已婚农民工主观幸福感贡献较大，而身体健康体验、成长发展体验则对未婚农民工主观幸福感贡献较大。

表4-5　相同主观幸福感水平下不同婚姻状况农民工主观幸福感测度指标得分情况

指标名称	婚姻状况	主观幸福感数值所在区间				
		[0,0.2]	(0.2,0.4]	(0.4,0.6]	(0.6,0.8]	(0.8,1]
人际适应体验	未婚	0	0.314	0.574	0.725	0.877
	已婚	0	0.453	0.596	0.740	0.902
心理健康体验	未婚	0	0.571	0.678	0.773	0.954
	已婚	0	0.613	0.675	0.782	0.916
家庭氛围体验	未婚	0	0.257	0.513	0.752	0.908
	已婚	0	0.307	0.567	0.755	0.883

表4-5(续)

指标名称	婚姻状况	主观幸福感数值所在区间				
		[0,0.2]	(0.2,0.4]	(0.4,0.6]	(0.6,0.8]	(0.8,1]
身体健康体验	未婚	0	0.314	0.491	0.800	0.892
	已婚	0	0.280	0.494	0.703	0.836
知足充裕体验	未婚	0	0.114	0.387	0.520	0.800
	已婚	0	0.227	0.400	0.559	0.728
心态平衡体验	未婚	0	0.314	0.561	0.704	0.846
	已婚	0	0.280	0.556	0.718	0.902
社会信心体验	未婚	0	0.257	0.457	0.683	0.831
	已婚	0	0.307	0.501	0.698	0.878
成长发展体验	未婚	0	0.286	0.457	0.707	0.877
	已婚	0	0.240	0.452	0.669	0.794
目标价值体验	未婚	0	0.600	0.630	0.728	0.908
	已婚	0	0.627	0.619	0.739	0.883
自我接受体验	未婚	0	0.371	0.461	0.635	0.831
	已婚	0	0.293	0.518	0.668	0.911

表4-6为相同主观幸福感水平下不同代际农民工主观幸福感测度指标得分情况。新农民工的主观幸福感均值为0.658，老农民工的主观幸福感均值为0.645。以区间（0.2，0.4］为参照，新农民工群体中，均值变化最大的指标为心态平衡体验，其均值变化幅度为0.659；老农民工群体中，均值变化最大的指标为家庭氛围体验，其均值变化幅度为0.605。主观幸福感数值位于区间（0.2，0.4］时，老农民工在知足充裕体验、成长发展体验2项主观幸福感测度指标中的得分均值低于新农民工，但随着农民工整体主观幸福感水平的提升，老农民工在这2个测度指标的得分均值将高于新农民工。在各区间中，老农民工的身体健康体验、社会信心体验2个测度指标的得分均值普遍低于新农民工。同一主观幸福感水平下，各测度指标对不同代际农民工主观幸福感的贡献有所差异：人际适应体验、心理健康体验、家庭氛围体验与心态平衡体验对老农民工主观幸福感贡献较大，而心理健康体验、身体健康体验、社会信心体验与自我接受体验则对新农民工主观幸福感贡献较大。

表 4-6　相同主观幸福感水平下不同代际农民工主观幸福感测度指标得分情况

指标名称	代际	主观幸福感数值所在区间				
		[0,0.2]	(0.2,0.4]	(0.4,0.6]	(0.6,0.8]	(0.8,1]
人际适应体验	新	0	0.233	0.559	0.723	0.869
	老	0	0.475	0.615	0.752	0.920
心理健康体验	新	0	0.533	0.675	0.784	0.923
	老	0	0.625	0.677	0.777	0.927
家庭氛围体验	新	0	0.333	0.551	0.757	0.900
	老	0	0.275	0.561	0.753	0.880
身体健康体验	新	0	0.367	0.510	0.739	0.877
	老	0	0.263	0.483	0.700	0.827
知足充裕体验	新	0	0.200	0.390	0.529	0.723
	老	0	0.188	0.403	0.575	0.767
心态平衡体验	新	0	0.233	0.559	0.719	0.892
	老	0	0.313	0.555	0.713	0.887
社会信心体验	新	0	0.400	0.500	0.689	0.885
	老	0	0.250	0.487	0.702	0.853
成长发展体验	新	0	0.267	0.463	0.673	0.808
	老	0	0.250	0.446	0.677	0.820
目标价值体验	新	0	0.600	0.637	0.733	0.908
	老	0	0.625	0.610	0.741	0.873
自我接受体验	新	0	0.400	0.467	0.659	0.931
	老	0	0.288	0.536	0.665	0.860

表 4-7 为相同主观幸福感水平下不同教育水平农民工主观幸福感测度指标得分情况。低教育水平农民工的主观幸福感均值为 0.630，高教育水平农民工的主观幸福感均值为 0.668。以区间（0.2，0.4］为参照，低教育水平农民工群体中，均值变化最大的指标为身体健康体验，其均值变化幅度为 0.719；高教育水平农民工群体中，均值变化最大的指标为目标价值体验，其均值变化幅度为 0.831。主观幸福感数值位于区间（0.2，0.4］时，低教育水平农民工在知足充裕体验、社会信心体验、成长发展体验、目标价值体验 4 项主观幸福

感测度指标中的得分均值高于高教育水平农民工，但随着农民工整体主观幸福感水平的提升，低教育水平农民工在上述 4 个测度指标的得分只有知足充裕体验和社会信心体验的均值高于高教育水平农民工。在［0, 0.2］以外的区间中，低教育水平农民工的人际适应体验、心态平衡体验 2 个测度指标的得分均值始终低于高教育水平农民工。同一主观幸福感水平下，各测度指标对不同教育水平农民工主观幸福感的贡献有所差异：身体健康体验、社会信心体验、成长发展体验与目标价值体验对低教育水平农民工主观幸福感贡献较大，而人际适应体验、家庭氛围体验、成长发展体验与目标价值体验则对高教育水平农民工主观幸福感贡献较大。

表 4-7　相同主观幸福感水平下不同教育水平农民工主观幸福感测度指标得分情况

指标名称	教育水平	主观幸福感数值所在区间				
		[0,0.2]	(0.2,0.4]	(0.4,0.6]	(0.6,0.8]	(0.8,1]
人际适应体验	低教育水平	0.200	0.292	0.545	0.708	0.864
	高教育水平	0	0.300	0.549	0.737	0.892
心理健康体验	低教育水平	0.200	0.231	0.451	0.656	0.872
	高教育水平	0	0.300	0.481	0.683	0.800
家庭氛围体验	低教育水平	0.200	0.262	0.508	0.677	0.824
	高教育水平	0	0.600	0.469	0.663	0.892
身体健康体验	低教育水平	0.400	0.169	0.509	0.713	0.888
	高教育水平	0	0.600	0.510	0.716	0.800
知足充裕体验	低教育水平	0.200	0.185	0.398	0.560	0.832
	高教育水平	0	0.100	0.382	0.543	0.738
心态平衡体验	低教育水平	0.200	0.277	0.480	0.685	0.856
	高教育水平	0	0.300	0.490	0.716	0.877
社会信心体验	低教育水平	0.200	0.615	0.598	0.740	0.880
	高教育水平	0	0.300	0.573	0.722	0.823
成长发展体验	低教育水平	0.600	0.631	0.674	0.779	0.920
	高教育水平	0	0.500	0.675	0.786	0.931
目标价值体验	低教育水平	0.200	0.215	0.529	0.760	0.904
	高教育水平	0	0.100	0.561	0.766	0.931

表4-7(续)

指标名称	教育水平	主观幸福感数值所在区间				
		[0,0.2]	(0.2,0.4]	(0.4,0.6]	(0.6,0.8]	(0.8,1]
自我接受体验	低教育水平	0.200	0.508	0.580	0.674	0.832
	高教育水平	0	0.600	0.531	0.689	0.869

（二）相同主观幸福感水平下不同区域特征农民工主观幸福感指标得分情况

表4-8反映了相同主观幸福感水平下不同地区的农民工主观幸福感测度指标得分均值。总体来看，东部地区的农民工主观幸福感均值最高，达到0.662，其次依次是东北地区的农民工主观幸福感均值为0.650、中部地区的农民工主观幸福感均值为0.647、西部地区的农民工主观幸福感均值为0.622。上述结果说明，东北地区与中部地区农民工主观幸福感均值差异较小，我国农民工主观幸福感的数值随着农民工务工区域从东向西从高到低分布。分别来看，东部地区农民工主观幸福感各测度指标得分均值并非始终高于其他地区：东部地区农民工的人际适应体验得分均值低于中部地区与西部地区农民工；身体健康体验与知足充裕体验得分均值低于中部地区与东北地区农民工；目标价值体验得分均值低于东北地区农民工。除了上述测度指标，东部地区农民工在心理健康体验、家庭氛围体验、心态平衡体验、社会信心体验、成长发展体验与自我接受体验6个方面的指标得分均值高于其他地区的农民工。

表4-8　相同主观幸福感水平下不同地区的农民工主观幸福感测度指标得分均值

指标名称	农民工务工区域			
	东部地区	中部地区	西部地区	东北地区
人际适应体验	0.677	0.713	0.713	0.673
心理健康体验	0.766	0.740	0.734	0.749
家庭氛围体验	0.708	0.682	0.674	0.679
身体健康体验	0.650	0.655	0.599	0.651
知足充裕体验	0.503	0.511	0.483	0.549
心态平衡体验	0.686	0.664	0.608	0.632
社会信心体验	0.648	0.609	0.613	0.625
成长发展体验	0.634	0.573	0.560	0.565

表4-8(续)

指标名称	农民工务工区域			
	东部地区	中部地区	西部地区	东北地区
目标价值体验	0.728	0.704	0.660	0.737
自我接受体验	0.729	0.615	0.574	0.635

表4-9反映了相同主观幸福感水平下东部地区农民工主观幸福感测度指标得分均值。总体来看，指标之间得分差距较明显。在同一区间内，东部地区农民工心理健康体验、家庭氛围体验以及目标价值体验的得分均值普遍高于其他指标，说明上述3个测度指标对东部农民工主观幸福感有较大的贡献。以区间（0.2，0.4］为参照，心态平衡体验、成长发展体验与知足充裕体验是均值变化最大的3个指标，这说明在不同主观幸福感水平下，上述3个指标均值在东部农民工群体中呈现较大差异。各区间的知足充裕体验得分均值始终低于其他指标，一定程度反映了在东部地区工作、生活的农民工尽管身处经济条件较好的地区，但相比于其他测度指标，东部地区农民工对自身及家庭的物质条件的满意程度较低，这可能是东部地区农民工与当地市民进行社会比较所造成的结果。

表4-9　相同主观幸福感水平下东部地区农民工主观幸福感测度指标得分均值

指标名称	主观幸福感数值所在区间				
	[0,0.2]	(0.2,0.4]	(0.4,0.6]	(0.6,0.8]	(0.8,1]
人际适应体验	0	0.350	0.530	0.730	0.876
心理健康体验	0	0.850	0.685	0.784	0.924
家庭氛围体验	0	0.350	0.593	0.753	0.848
身体健康体验	0	0.200	0.506	0.709	0.819
知足充裕体验	0	0.100	0.382	0.541	0.752
心态平衡体验	0	0.250	0.587	0.720	0.886
成长发展体验	0	0.200	0.488	0.691	0.829
目标价值体验	0	0.750	0.647	0.743	0.933
自我接受体验	0	0.350	0.526	0.655	0.886

表 4-10 反映了相同主观幸福感水平下中部地区农民工主观幸福感测度指标得分均值。总体来看，指标之间得分差距较明显。在同一区间内，中部地区农民工人际适应体验、心理健康体验的得分均值普遍高于其他指标，说明上述 2 个测度指标对中部农民工主观幸福感有较大的贡献。以区间（0.2，0.4］为参照，家庭氛围体验、身体健康体验、社会信心体验和自我接受体验是均值变化最大的 4 个指标，这说明在不同主观幸福感水平下，上述 4 个指标均值在中部农民工群体中呈现较大差异。在多数情况下，同一区间的知足充裕体验、社会信心体验与成长发展体验得分均值低于其他指标，一定程度反映了在中部地区工作、生活的农民工对自身及家庭的物质条件的满意程度较低，并且对社会与自身发展前景信心不足。

表 4-10 相同主观幸福感水平下中部地区农民工主观幸福感测度指标得分均值

指标名称	主观幸福感数值所在区间				
	[0,0.2]	(0.2,0.4]	(0.4,0.6]	(0.6,0.8]	(0.8,1]
人际适应体验	0	0.433	0.619	0.754	0.950
心理健康体验	0	0.400	0.674	0.777	0.900
家庭氛围体验	0	0.333	0.516	0.761	0.967
身体健康体验	0	0.300	0.506	0.727	0.917
知足充裕体验	0	0.266	0.371	0.573	0.767
心态平衡体验	0	0.367	0.539	0.725	0.883
社会信心体验	0	0.200	0.452	0.690	0.867
成长发展体验	0	0.366	0.432	0.637	0.800
目标价值体验	0	0.467	0.613	0.745	0.900
自我接受体验	0	0.333	0.497	0.662	0.917

表 4-11 反映了相同主观幸福感水平下西部地区农民工主幸福感测度指标得分均值。总体来看，西部地区农民工主观幸福感各测度指标中，人际适应体验、心理健康体验得分均值较高。与中部地区农民工类似，西部地区农民工的知足充裕体验、成长发展体验与自我接受体验得分均值普遍比其他测度指标低，说明西部地区农民工对家庭及自身的物质条件满足程度较低，并且感到难以从生活中感受到自我成长。以区间（0.2，0.4］为参照，身体健康体验、心态平衡体验与自我接受体验是均值变化最大的 3 个指标，这说明在不同主观幸福感水平下，上述 3 个指标均值在西部农民工群体中呈现较大差异，对西部

地区农民工主观幸福感的提升有较大的贡献。

表 4-11　相同主观幸福感水平下西部地区农民工主观幸福感测度指标得分均值

指标名称	主观幸福感数值所在区间				
	[0,0.2]	(0.2,0.4]	(0.4,0.6]	(0.6,0.8]	(0.8,1]
人际适应体验	0	0.486	0.668	0.753	0.920
心理健康体验	0	0.600	0.664	0.783	0.960
家庭氛围体验	0	0.314	0.563	0.778	0.840
身体健康体验	0	0.171	0.441	0.735	0.880
知足充裕体验	0	0.229	0.441	0.525	0.680
心态平衡体验	0	0.314	0.495	0.693	1.000
社会信心体验	0	0.371	0.495	0.703	0.920
成长发展体验	0	0.229	0.434	0.668	0.800
目标价值体验	0	0.600	0.597	0.698	0.880
自我接受体验	0	0.286	0.475	0.653	0.880

表 4-12 反映了相同主观幸福感水平下东北地区农民工主观幸福感测度指标得分均值。总体来看，东北地区农民工主观幸福感各测度指标中，心理健康体验与目标价值体验得分均值较高。与其他地区农民工不同的是，东北地区农民工的知足充裕体验得分均值只有在主观幸福感水平位于区间（0.6，0.8］时，才表现出明显低于其他测度指标得分均值的现象，这说明主观幸福感处于中等偏高水平的东北地区农民工对家庭与自身的物质条件满意程度较为有限。以区间（0.2，0.4］为参照，家庭氛围体验、知足充裕体验与人际适应体验是均值变化最大的 3 个指标，这说明在不同主观幸福感水平下，上述 3 个指标均值在东北农民工群体中呈现较大差异，对东北地区农民工主观幸福感的提升有较大的贡献。

表 4-12　相同主观幸福感水平下东北地区农民工主观幸福感测度指标得分均值

指标名称	主观幸福感数值所在区间				
	[0,0.2]	(0.2,0.4]	(0.4,0.6]	(0.6,0.8]	(0.8,1]
人际适应体验	0	0.250	0.576	0.728	0.900
心理健康体验	0	0.600	0.671	0.767	0.967

表4-12(续)

指标名称	主观幸福感数值所在区间				
	[0,0.2]	(0.2,0.4]	(0.4,0.6]	(0.6,0.8]	(0.8,1]
家庭氛围体验	0	0.150	0.612	0.733	0.900
身体健康体验	0	0.600	0.459	0.722	0.800
知足充裕体验	0	0.150	0.400	0.617	0.833
心态平衡体验	0	0.200	0.553	0.689	0.800
社会信心体验	0	0.300	0.494	0.683	0.867
成长发展体验	0	0.200	0.365	0.672	0.733
目标价值体验	0	0.700	0.647	0.756	0.900
自我接受体验	0	0.350	0.506	0.678	0.933

二、不同主观幸福感水平下农民工样本分布状况

经过标准化处理以及赋权以后，各测度指标取值区间为［0，1］，前文通过将主观幸福感数值划分为5个区间，考察了不同个体特征、区域特征的农民工主观幸福感测度指标得分情况。本节内容将讨论不同主观幸福感水平下农民工样本分布情况。

表4-13反映了农民工主观幸福感测度指标在各区间的样本分布情况。人际适应体验方面，样本集中于区间（0.4，0.6］以及（0.6，0.8］，说明农民工对自身人际关系满意度呈中等偏上水平。心理健康体验方面，样本同样集中于区间（0.4，0.6］以及（0.6，0.8］，且与区间［0，0.2］以及（0.2，0.4］差距明显，说明农民工在日常生活中普遍拥有较好的情绪，仅有少数农民工难以从容应对困难。家庭氛围体验方面，64.20%的样本集中于区间（0.6，0.8］，9.21%的样本位于区间（0.8，1］，位于区间（0.4，0.6］的样本最少，说明大多数农民工拥有较好的家庭关系，能够与家庭成员和睦相处。身体健康体验与家庭氛围体验分布规律相似，即多数样本位于区间（0.6，0.8］以及（0.8，1］，且样本在各区间中的分布呈现“中间低、两边高”，说明农民工群体在身体健康体验方面的主观感受有明显的分化，多数农民工对自身健康状况感到满意，部分农民工则感到不满，持“一般”态度的农民工占比最少。知足充裕体验方面，绝大多数农民工样本分布于除了（0.8，1］以外的4个区间，且该4个区间的样本占比相近，说明农民工群体在知足充裕体

验方面的感受有着巨大的差异。心态平衡体验方面，样本较多分布于区间［0.6，0.8］和（0.4，0.6］，且占比分别达到45.14%和25.42%，说明大多数农民工对自身的生活现状接受程度处于“一般”与“较高”的水平，仅有20.11%的农民工对自身的生活现状感到不满，并认为是自身的运气不好、命运不公。农民工样本在社会信心体验的分布规律与心态平衡体验的相似，即样本较多分布于区间［0.6，0.8］和（0.4，0.6］，且占比分别达到43.84%和28.40%，而另有4.02%的农民工样本位于区间（0.8，1］，说明多数农民工对社会发展具有信心，并且认为人们能够从社会发展趋势中获益。成长发展体验方面，相比于心态平衡体验指标，其位于区间［0，0.2］和（0.2，0.4］的样本占比有所增加，分别达到13.88%和17.25%，位于区间（0.4，0.6］和（0.6，0.8］的样本仍然占多数，分别达到26.85%和35.93%。上述分布结果说明，能够积极面对生活、感受到自身在生活中取得进步的农民工样本（指标取值大于0.6）略多于难以积极面对生活、不能感受到自身在生活中取得进步的农民工样本（指标取值小于等于0.4）。目标价值体验方面，位于区间［0，0.2］和（0.2，0.4］的样本均小于10%，超过50%的样本集中于区间（0.6，0.8］，说明多数农民工能够从当前所做的事情中感受到乐趣与意义，并清楚自己一生的追求；样本中13.08%的农民工有空虚感，难以感受到当前所做事情的乐趣与意义。自我接受体验方面，位于区间（0.4，0.6］和（0.6，0.8］的农民工样本较多，分别达到23.09%和37.87%，位于区间（0.8，1］的农民工样本最少，为8.17%。上述分布结果说明46.04%的农民工对自己持有肯定的态度，承认与容忍自身多方面的优缺点，另有30.87%的农民工自我接受体验指标取值小于等于0.4，即对自己感到不满意、不自信，对过去的经历感到失望。总体而言，农民工样本在各测度指标中普遍位于（0.6，0.8］区间，而区间（0.8，1］的样本占比最小，说明农民工在主观幸福感各测度指标中评价较高，但评价仍需进一步提升。

表4-13　农民工主观幸福感测度指标在各区间的样本分布

指标名称	各指标取值区间				
	［0,0.2］	（0.2,0.4］	（0.4,0.6］	（0.6,0.8］	（0.8,1］
人际适应体验	0.84%	6.62%	24.90%	49.16%	10.90%
心理健康体验	1.30%	5.06%	23.48%	56.42%	13.75%
家庭氛围体验	11.80%	13.49%	1.30%	64.20%	9.21%

表4-13(续)

指标名称	各指标取值区间				
	[0,0.2]	(0.2,0.4]	(0.4,0.6]	(0.6,0.8]	(0.8,1]
身体健康体验	17.12%	16.47%	0.52%	55.51%	10.38%
知足充裕体验	24.64%	23.22%	24.38%	25.03%	2.72%
心态平衡体验	10.12%	9.99%	25.42%	45.14%	9.33%
社会信心体验	10.64%	13.10%	28.40%	43.84%	4.02%
成长发展体验	13.88%	17.25%	26.85%	35.93%	6.09%
目标价值体验	3.74%	9.34%	24.38%	53.57%	8.82%
自我接受体验	11.54%	19.33%	23.09%	37.87%	8.17%

（一）不同个体特征的农民工主观幸福感测度指标样本分布情况

表4-14反映了不同性别的农民工主观幸福感测度指标在各区间的样本分布情况。除了知足充裕体验，不同性别的农民工主观幸福感各测度指标均表现出位于区间（0.6，0.8］的样本占比最大的现象。健康体验维度方面，相比女性农民工，男性农民工在人际适应体验、心理健康体验以及身体健康体验指标的样本更集中于区间（0.6，0.8］，这在一定程度上说明男性农民工相比女性农民工在健康体验维度的评价更趋于一致。满足体验维度方面，男性农民工在知足充裕体验指标中位于区间（0.6，0.8］和（0.8，1］的样本占比小于女性农民工，但在心态平衡体验与社会信心体验指标中，位于区间（0.6，0.8］和（0.8，1］的样本占比大于女性农民工，说明女性农民工相比男性农民工更集中评价拥有较好的知足充裕体验，男性农民工相比女性农民工更集中评价拥有较好的心态平衡体验与社会信心体验。在发展体验维度的3个指标中，尽管男性农民工样本相比女性农民工样本有更大的比例位于区间（0.6，0.8］，但在目标价值体验与自我接受体验方面，女性农民工在区间（0.8，1］的占比大于男性农民工，且在区间［0，0.2］和（0.2，0.4］的样本占比之和小于男性农民工样本，说明相比于女性农民工，男性农民工更集中评价拥有较好的成长发展体验和较差的目标价值体验与自我接受体验。

表 4-14　不同性别的农民工主观幸福感测度指标在各区间的样本分布

指标名称	性别	各指标取值区间				
		[0,0.2]	(0.2,0.4]	(0.4,0.6]	(0.6,0.8]	(0.8,1]
人际适应体验	男	9.96%	6.42%	23.00%	50.22%	10.40%
	女	6.27%	6.90%	27.59%	47.64%	11.60%
心理健康体验	男	1.77%	5.75%	20.58%	58.85%	13.05%
	女	0.63%	4.08%	27.59%	52.97%	14.73%
家庭氛围体验	男	11.06%	15.71%	1.55%	62.61%	9.07%
	女	12.85%	10.35%	0.94%	66.46%	9.40%
身体健康体验	男	16.15%	15.49%	0.66%	56.64%	11.06%
	女	18.49%	17.87%	0.31%	53.92%	9.41%
知足充裕体验	男	25.66%	22..13%	26.55%	23.23%	2.43%
	女	23.20%	24.76%	21.32%	27.59%	3.13%
心态平衡体验	男	10.18%	10.62%	23.23%	47.12%	8.85%
	女	10.03%	9.09%	28.53%	42.32%	10.03%
社会信心体验	男	9.07%	14.38%	27.43%	45.58%	3.54%
	女	12.85%	11.29%	29.78%	41.38%	4.70%
成长发展体验	男	10.62%	17.69%	26.77%	38.50%	6.42%
	女	18.50%	16.61%	26.96%	32.29%	5.64%
目标价值体验	男	4.43%	8.85%	23.67%	55.31%	7.74%
	女	3.14%	10.03%	25.39%	51.10%	10.34%
自我接受体验	男	12.39%	19.69%	21.90%	38.50%	7.52%
	女	10.35%	18.81%	24.76%	36.99%	9.09%

表 4-15 反映了不同婚姻状况的农民工主观幸福感测度指标在各区间的样本分布情况。与表 4-14 类似，不同婚姻状况的农民工主观幸福感各测度指标均表现出位于区间（0.6，0.8］的样本占比最大的现象。健康体验维度方面，相比未婚农民工，已婚农民工人际适应体验、心理健康体验、家庭氛围体验三个指标位于区间（0.6，0.8］和（0.8，1］的样本占比更大，这在一定程度上说明已婚农民工相比未婚农民工在健康体验维度的评价更趋于一致。满足体验维度方面，已婚农民工在知足充裕体验和社会信心体验指标中位于区间

(0.6，0.8］和（0.8，1］的样本占比大于未婚农民工，在心态平衡体验指标中，位于区间（0.6，0.8］和（0.8，1］的样本占比与未婚农民工基本一致，这说明已婚农民工相比未婚农民工更易被满足。发展体验维度方面，未婚农民工在成长发展体验得分大于等于0.6的样本占比略高于已婚农民工，但在目标价值体验与自我接受体验指标中，已婚农民工在区间（0.6，0.8］和（0.8，1］的占比大于未婚农民工，且已婚农民工在区间［0，0.2］和（0.2，0.4］区间的样本占比之和更小，说明相比于已婚农民工，未婚农民工更集中评价拥有较差的目标价值体验与自我接受体验。

表4-15　不同婚姻状况的农民工主观幸福感测度指标在各区间的样本分布

指标名称	婚姻状况	各指标取值区间				
		［0,0.2］	(0.2,0.4］	(0.4,0.6］	(0.6,0.8］	(0.8,1］
人际适应体验	未婚	11.43%	9.29%	22.14%	48.57%	8.57%
	已婚	7.78%	6.03%	25.56%	49.36%	11.27%
心理健康体验	未婚	1.43%	5.00%	23.57%	58.57%	11.43%
	已婚	1.27%	5.08%	23.49%	56.03%	14.13%
家庭氛围体验	未婚	13.57%	17.86%	0.71%	57.86%	10.00%
	已婚	11.43%	12.54%	1.43%	65.71%	8.89%
身体健康体验	未婚	16.43%	10.71%	0.72%	58.57%	13.57%
	已婚	17.30%	17.78%	0.48%	54.92%	9.52%
知足充裕体验	未婚	29.29%	24.29%	20.71%	22.14%	3.57%
	已婚	23.65%	23.02%	25.24%	25.71%	2.38%
心态平衡体验	未婚	14.29%	11.43%	20.00%	42.85%	11.43%
	已婚	9.21%	9.68%	26.67%	45.71%	8.73%
社会信心体验	未婚	15.72%	12.14%	29.28%	40.72%	2.14%
	已婚	9.52%	13.33%	28.26%	44.60%	4.29%
成长发展体验	未婚	13.57%	17.14%	24.28%	35.72%	9.29%
	已婚	13.97%	17.30%	27.46%	36.03%	5.24%
目标价值体验	未婚	4.29%	10.00%	24.29%	52.14%	9.28%
	已婚	3.81%	9.21%	24.44%	53.97%	8.57%

表4-15(续)

指标名称	婚姻状况	各指标取值区间				
		[0,0.2]	(0.2,0.4]	(0.4,0.6]	(0.6,0.8]	(0.8,1]
自我接受体验	未婚	15.71%	22.14%	23.93%	31.79%	6.43%
	已婚	10.64%	18.73%	22.86%	39.36%	8.41%

表4-16反映了不同代际的农民工主观幸福感测度指标在各区间的样本分布情况。与表4-14类似，不同代际的农民工主观幸福感各测度指标均表现出位于区间（0.6，0.8］的样本占比最大的现象。相比新农民工，老农民工在人际适应体验指标区间（0.6，0.8］和（0.8，1］拥有更大的样本占比，在心理健康体验指标区间（0.6，0.8］和（0.8，1］的占比之和与新农民工差异微小；同样的区间中，老农民工在家庭氛围体验与身体健康体验指标的样本占比之和小于新农民工，这说明在健康体验维度中，老农民工更集中认为拥有较好的人际适应体验，新农民工则更集中认为拥有较好的家庭氛围体验与身体健康体验。满足体验维度方面，老农民工在知足充裕体验指标中位于区间（0.6，0.8］和（0.8，1］的样本占比之和大于新农民工，在社会信心体验指标中，位于区间（0.6，0.8］和（0.8，1］的样本占比之和与新农民工基本一致，但在心态平衡体验指标中，上述区间的老农民工样本占比之和小于新农民工，说明满足体验维度中，老农民工更集中认为拥有较好的知足充裕体验，新农民工则更集中认为拥有较好的心态平衡体验。发展体验维度方面，新农民工在成长发展体验、目标价值体验与自我接受体验3个指标中，得分大于等于0.6的样本占比均大于老农民工；但在自我接受体验指标中，老农民工在区间［0，0.2］和（0.2，0.4］的样本占比之和小于新农民工，说明相比老农民工，新农民工更集中评价拥有较好的成长发展体验与目标价值体验，但在自我接受体验方面评价分化更为严重。

表4-16　不同代际的农民工主观幸福感测度指标在各区间的样本分布

指标名称	代际	各指标取值区间				
		[0,0.2]	(0.2,0.4]	(0.4,0.6]	(0.6,0.8]	(0.8,1]
人际适应体验	新	9.58%	7.89%	25.35%	47.32%	9.86%
	老	7.45%	5.53%	24.52%	50.72%	11.78%

表4-16(续)

指标名称	代际	各指标取值区间				
		[0,0.2]	(0.2,0.4]	(0.4,0.6]	(0.6,0.8]	(0.8,1]
心理健康体验	新	1.13%	2.25%	26.48%	56.62%	13.52%
	老	1.44%	7.45%	20.91%	56.25%	13.95%
家庭氛围体验	新	10.42%	13.24%	0.56%	65.62%	9.86%
	老	12.98%	13.70%	1.92%	62.74%	8.66%
身体健康体验	新	13.24%	15.21%	0.56%	60.00%	10.99%
	老	20.43%	17.55%	0.48%	51.68%	9.86%
知足充裕体验	新	24.79%	26.20%	24.22%	21.69%	3.10%
	老	24.52%	20.67%	24.52%	27.89%	2.40%
心态平衡体验	新	9.30%	9.86%	23.38%	47.32%	10.14%
	老	10.82%	10.10%	27.16%	43.27%	8.65%
社会信心体验	新	7.89%	12.96%	31.83%	42.53%	4.79%
	老	12.98%	13.22%	25.48%	44.95%	3.37%
成长发展体验	新	11.55%	17.75%	27.60%	36.90%	6.20%
	老	15.87%	16.83%	26.20%	35.09%	6.01%
目标价值体验	新	2.82%	8.73%	23.94%	56.62%	7.89%
	老	4.81%	9.85%	24.76%	50.96%	9.62%
自我接受体验	新	14.09%	17.46%	21.41%	37.18%	9.86%
	老	9.38%	20.91%	24.52%	38.46%	6.73%

表4-17反映了不同教育水平的农民工主观幸福感测度指标在各区间的样本分布情况。除了知足充裕体验外，不同教育水平的农民工主观幸福感各测度指标普遍表现出位于区间（0.6，0.8］的样本占比最大的现象。相比低教育水平农民工，高教育水平农民工在人际适应体验指标区间（0.6，0.8］和（0.8，1］拥有更大的样本占比，在心理健康体验指标区间（0.2，0.4］和（0.4，0.6］的占比之和与低教育水平农民工差异微小；在家庭氛围体验指标中，低教育水平农民工样本更集中于区间（0.2，0.4］、（0.4，0.6］和（0.6，0.8］，高教育水平农民工样本更集中于区间（0.4，0.6］和（0.6，0.8］。满足体验维度方面，高教育水平农民工在知足充裕体验指标中位于区间

(0.2，0.4］和（0.4，0.6］的样本占比之和大于低教育水平农民工；心态平衡体验指标中，高教育水平农民工在区间（0.4，0.6］和（0.6，0.8］的样本占比大于低教育水平农民工；社会信心体验指标中，高教育水平农民工位于区间（0.2，0.4］和（0.4，0.6］的样本占比之和与低教育水平农民工基本一致，这说明高教育水平农民工更集中认为拥有中等水平的满足体验，低教育水平农民工则存在一定的分化，即多数样本认为自身拥有较差的满足体验，少数样本则认为自身拥有极好的满足体验。发展体验维度方面，高教育水平农民工在成长发展体验、目标价值体验与自我接受体验3个指标中，得分大于等于0.6的样本占比均大于低教育水平农民工；且高教育水平农民工在区间［0，0.2］、(0.2，0.4］的样本占比之和小于低教育水平农民工，说明相比低教育水平农民工，高教育水平农民工更集中评价拥有较好的发展体验。

表4-17　不同教育水平的农民工主观幸福感测度指标在各区间的样本分布

指标名称	教育水平	各指标取值区间				
		[0,0.2]	(0.2,0.4]	(0.4,0.6]	(0.6,0.8]	(0.8,1]
人际适应体验	低教育水平	11.69%	12.58%	27.19%	39.55%	8.99%
	高教育水平	7.98%	6.44%	23.01%	52.76%	9.82%
心理健康体验	低教育水平	17.75%	17.75%	26.74%	31.46%	6.29%
	高教育水平	8.59%	16.56%	26.99%	42.02%	5.84%
家庭氛围体验	低教育水平	12.13%	20.90%	23.37%	36.63%	6.97%
	高教育水平	10.74%	17.18%	22.70%	39.56%	9.82%
身体健康体验	低教育水平	20.45%	16.40%	0.22%	51.01%	11.92%
	高教育水平	12.58%	16.56%	0.92%	61.66%	8.28%
知足充裕体验	低教育水平	27.42%	20.22%	23.60%	26.29%	2.47%
	高教育水平	20.86%	27.30%	25.46%	23.31%	3.07%
心态平衡体验	低教育水平	13.71%	15.73%	27.19%	40.45%	2.92%
	高教育水平	6.44%	9.51%	30.06%	48.47%	5.52%
社会信心体验	低教育水平	4.49%	11.24%	28.54%	46.74%	8.99%
	高教育水平	2.76%	11.04%	29.75%	50.31%	6.14%
成长发展体验	低教育水平	1.35%	6.52%	25.17%	53.70%	13.26%
	高教育水平	1.23%	3.07%	21.17%	60.12%	14.42%

表4-17(续)

指标名称	教育水平	各指标取值区间				
		[0,0.2]	(0.2,0.4]	(0.4,0.6]	(0.6,0.8]	(0.8,1]
目标价值体验	低教育水平	14.61%	15.05%	1.80%	60.67%	7.87%
	高教育水平	7.98%	11.35%	0.61%	69.02%	11.04%
自我接受体验	低教育水平	7.41%	16.41%	31.24%	37.53%	7.41%
	高教育水平	8.59%	13.19%	26.07%	43.56%	8.59%

（二）不同区域特征的农民工主观幸福感测度指标样本分布情况

表4-18反映了东部地区农民工主观幸福感测度指标在各区间的样本分布情况。各测度指标中，区间（0.6，0.8］所包含的东部地区农民工样本比例最大；除知足充裕体验外，其他测度指标在上述区间包含的东部地区农民工样本比例在40%以上；在区间［0，0.2］与（0.2，0.4］的样本占比之和大于20%的指标共有6项，分别为家庭氛围体验、身体健康体验、知足充裕体验、社会信心体验、成长发展体验与自我接受体验。其中，47.80%的东部地区农民工认为拥有较差的知足充裕体验，说明东部地区农民工普遍对自身及家庭的物质条件感到不满。

表4-18　东部地区农民工主观幸福感测度指标在各区间的样本分布

指标名称	各指标取值区间				
	[0,0.2]	(0.2,0.4]	(0.4,0.6]	(0.6,0.8]	(0.8,1]
人际适应体验	10.44%	7.42%	24.18%	47.25%	10.71%
心理健康体验	0.82%	4.67%	19.78%	59.34%	15.39%
家庭氛围体验	11.26%	11.54%	1.92%	65.94%	9.34%
身体健康体验	15.94%	16.48%	0.82%	54.12%	12.64%
知足充裕体验	25.55%	22.25%	23.08%	26.65%	2.47%
心态平衡体验	8.79%	6.32%	22.53%	52.20%	10.16%
社会信心体验	7.97%	12.36%	28.57%	46.15%	4.95%
成长发展体验	10.44%	14.56%	25.27%	41.76%	7.97%
目标价值体验	2.47%	7.97%	24.45%	54.67%	10.44%
自我接受体验	9.89%	18.68%	21.43%	40.66%	9.34%

表4-19反映了中部地区农民工主观幸福感测度指标在各区间的样本分布情况。除知足充裕体验外，各测度指标在区间（0.6，0.8］所包含的中部地区农民工样本比例最大；除知足充裕体验、成长发展体验及自我接受体验外，其他测度指标在上述区间包含的中部地区农民工样本比例高于40%；在区间［0，0.2］与（0.2，0.4］的样本占比之和大于20%的指标有6项，分别为家庭氛围体验、身体健康体验、知足充裕体验、社会信心体验、成长发展体验与自我接受体验。其中，45.08%的中部地区农民工认为拥有较差的知足充裕体验，说明中部地区农民工普遍对自身及家庭的物质条件感到不满，该比例略低于东部地区农民工的47.80%。

表4-19　中部地区农民工主观幸福感测度指标在各区间的样本分布

指标名称	各指标取值区间				
	[0,0.2]	(0.2,0.4]	(0.4,0.6]	(0.6,0.8]	(0.8,1]
人际适应体验	5.18%	6.74%	26.43%	49.22%	12.44%
心理健康体验	0.52%	6.22%	26.94%	55.44%	10.88%
家庭氛围体验	10.88%	17.10%	1.55%	59.59%	10.88%
身体健康体验	15.03%	16.06%	0.52%	58.03%	10.36%
知足充裕体验	20.73%	24.35%	29.53%	23.32%	2.07%
心态平衡体验	8.29%	10.88%	29.02%	43.00%	8.81%
社会信心体验	10.36%	17.62%	29.02%	40.41%	2.59%
成长发展体验	15.54%	20.73%	27.46%	32.12%	4.15%
目标价值体验	4.14%	11.92%	18.13%	59.59%	6.22%
自我接受体验	12.43%	18.65%	22.28%	39.38%	7.26%

表4-20反映了西部地区农民工主观幸福感测度指标在各区间的样本分布情况。各测度指标中除知足充裕体验外，区间（0.6，0.8］所包含的西部地区农民工样本比例最大；人际适应体验、心理健康体验、家庭氛围体验、身体健康体验与目标价值体验在上述区间包含的西部地区农民工样本比例高于40%；在区间［0，0.2］与（0.2，0.4］的样本占比之和大于20%的指标有7项，分别为家庭氛围体验、身体健康体验、知足充裕体验、心态平衡体验、社会信心体验、成长发展体验与自我接受体验。其中，52.32%的西部地区农民工认为拥有较差的知足充裕体验，该比例高于东部地区农民工的47.80%与中部地区农民工的45.08%。

表 4-20　西部地区农民工主观幸福感测度指标在各区间的样本分布

指标名称	各指标取值区间				
	[0,0.2]	(0.2,0.4]	(0.4,0.6]	(0.6,0.8]	(0.8,1]
人际适应体验	5.30%	4.63%	29.14%	50.33%	10.60%
心理健康体验	1.99%	5.30%	30.46%	48.34%	13.91%
家庭氛围体验	13.24%	14.57%	0%	64.24%	7.95%
身体健康体验	22.52%	18.54%	0%	52.32%	6.62%
知足充裕体验	27.82%	24.50%	24.50%	21.19%	1.99%
心态平衡体验	13.90%	17.22%	27.15%	33.78%	7.95%
社会信心体验	13.90%	11.92%	30.46%	39.74%	3.98%
成长发展体验	16.56%	21.85%	28.48%	28.53%	4.58%
目标价值体验	7.95%	11.26%	31.12%	41.72%	7.95%
自我接受体验	15.23%	21.19%	27.82%	30.46%	5.30%

表 4-21 反映了东北地区农民工主观幸福感测度指标在各区间的样本分布情况。各测度指标中，区间（0.6，0.8］所包含的东北地区农民工样本比例最大；人际适应体验、心理健康体验、家庭氛围体验、身体健康体验、社会信心体验与目标价值体验在上述区间包含的东北地区农民工样本比例高于 40%；在区间［0，0.2］与（0.2，0.4］的样本占比之和大于 20% 的指标有 8 项，分别为人际适应体验、家庭氛围体验、身体健康体验、知足充裕体验、心态平衡体验、社会信心体验、成长发展体验与自我接受体验。其中，46.03% 的东北地区农民工认为拥有较差的知足充裕体验，该比例低于东部地区农民工的 47.80%、西部地区的 52.32%，高于中部地区农民工的 45.08%。

表 4-21　东北地区农民工主观幸福感测度指标在各区间的样本分布

指标名称	各指标取值区间				
	[0,0.2]	(0.2,0.4]	(0.4,0.6]	(0.6,0.8]	(0.8,1]
人际适应体验	14.29%	6.35%	14.23%	57.14%	7.94%
心理健康体验	4.76%	3.17%	17.46%	61.91%	12.70%
家庭氛围体验	13.76%	11.11%	0%	68.25%	6.88%
身体健康体验	17.46%	12.70%	0%	63.49%	6.35%

表4-21（续）

指标名称	各指标取值区间				
	[0,0.2]	(0.2,0.4]	(0.4,0.6]	(0.6,0.8]	(0.8,1]
知足充裕体验	23.81%	22.22%	15.87%	30.16%	7.94%
心态平衡体验	14.29%	11.11%	26.98%	38.10%	9.52%
社会信心体验	19.05%	6.35%	20.64%	50.79%	3.17%
成长发展体验	22.22%	11.11%	30.16%	31.75%	4.76%
目标价值体验	1.59%	4.76%	26.98%	57.14%	9.53%
自我接受体验	9.53%	20.63%	23.81%	34.92%	11.11%

第三节　本章小结

本章构建了农民工主观幸福感的测度体系框架，包括测度方法、指标选取、维度设置以及权重分配等内容。本章内容以邢占军（2003，2005）的中国城市居民主观幸福感量表为基础，构建农民工主观幸福感测度指标体系，考虑到数据可获得性并检验可能存在的指标共线性，设置了3个维度、10个指标并采取等维度权重赋值的方式测度农民工主观幸福感。测度结果显示，考虑到农民工个体特征，男性农民工主观幸福感略高于女性农民工；未婚农民工主观幸福感略低于已婚农民工；新农民工主观幸福感高于老农民工；高教育水平农民工主观幸福感高于低教育水平农民工。地区特征方面，农民工主观幸福感均值最高的区域为东部地区，其次为东北地区、中部地区，西部地区农民工主观幸福感均值最低，农民工主观幸福感水平整体呈现"东高西低"的规律。

同一主观幸福感水平下，农民工主观幸福感的提高较为依赖心理健康体验与家庭氛围体验，上述两个指标在同等幸福感水平下的分值普遍高于其他指标。当整体主观幸福感水平较低时，男性农民工比女性农民工感到幸福，而当整体主观幸福感水平较高时，女性农民工比男性农民工感到幸福。已婚农民工的人际适应体验、家庭氛围体验、社会信心体验3项测度指标得分在各区间均值始终高于未婚农民工，但大多数情况下身体健康体验、成长发展体验方面在各区间的得分均值低于未婚农民工。在主观幸福感各取值区间中，老农民工的身体健康体验得分均值始终低于新农民工；高教育水平农民工在人际适应体验、心态平衡体验 2 个测度指标的得分均值始终高于低教育水平农民工。

从样本分布方面考察，大多数农民工对各指标的评价趋于（0.6，0.8]，而区间（0.8，1] 的样本占比较小，农民工在主观幸福感各测度指标中评价较高，但评价仍有进一步提升的空间。男性农民工相比女性农民工在健康体验维度的评价更趋于一致；已婚农民工相比未婚农民工在健康体验维度与满足体验维度的评价更趋于一致；老农民工在健康体验维度更集中认为拥有较好的人际适应体验，新农民工则更集中认为拥有较好的家庭氛围体验与身体健康体验，老农民工相比新农民工在满足体验方面拥有更好的评价；高教育水平农民工更集中认为拥有中等水平的满足体验与较好的发展体验，低教育水平农民工更集中认为拥有较差的满足体验与发展体验，少数低教育水平农民工认为自身拥有极好的满足体验。在各区域的农民工样本中，多数测度指标在区间（0.6，0.8] 包含的农民工样本比例在 40%以上，位于区间 [0，0.2] 和（0.2，0.4] 时的农民工样本比例在 20%以上。知足充裕体验始终是制约农民工主观幸福感水平的指标，拥有较差知足充裕体验的农民工样本占比按地区从高到低排列为西部地区>东部地区>东北地区>中部地区。

第五章　农民工主观幸福感影响因素的实证分析

本章基于工作—闲暇理论及其衍生模型（时间配置模型），引入“就业质量”概念，在获得农民工主观幸福感的测度结果基础上，构建计量模型分析影响农民工主观幸福感的因素，并比较不同类型农民工的主观幸福感影响因素差异。变量选取方面，本书选取工作回报等 5 个维度反映农民工“就业质量”；选取“洗衣服的频率”等 3 个变量及其平方项反映“家务时间”维度；选取“社交/串门的频率”等 3 个变量及其平方项反映“休闲时间”维度。模型选择方面，本书选择 OLS 模型为主效应模型，以 o-probit 模型和 o-logit 模型作为稳健性检验模型，共同得出计量分析结果。

第一节　农民工就业质量对主观幸福感影响的实证分析

一、模型构建

前文共确定了 10 个测度农民工主观幸福感的指标，并经过数据标准化处理、等维度权重赋值等流程后得到农民工主观幸福感测度结果。该测度结果取值范围介于［0，1］且为连续变量，因此可以构建 OLS 模型进行估计。为了保证模型回归结果的稳健性，本节将结合 o-logit、o-probit 模型、倾向得分匹配法（propensity score matching，PSM）进行稳健性检验。OLS 模型的具体表达式如下：

$$y_n = \alpha_0 + \sum \beta_i x_i + \sigma_i \tag{5-1}$$

式（5-1）中，y_n 为样本中第 n 个农民工的主观幸福感水平，x_i 为影响该农民工主观幸福感的一系列解释变量，α_0 与 β_i 为待估参数，σ_i 为随机扰动项。式（5-1）中的解释变量由两部分组成：一是反映农民工就业质量、可能影响主观幸福感的解释变量；二是以农民工个体特征为主的控制变量，用于消除遗漏变量可能带来的内生性问题。已有经验研究显示，当基准模型采用 o-logit 模型时，可通过构建 OLS 模型进行稳健性检验（陆铭 等，2014），且在合理条件下，o-logit 模型与 OLS 模型可相互检验稳健性。

基于上述经验及前文的测度结果，本节在构建 OLS 模型后，将农民工主观幸福感这一连续变量转换为 5 个具有次序关系的测度结果，进而通过构建 o-logit模型进行稳健性检验。其中，o-logit 模型的表达式如下：

$$P(y=j \mid x_i)=\frac{1}{1+\exp(\beta x_i+\epsilon_i)} \tag{5-2}$$

式中，x_i 为解释变量向量，ϵ_i 为随机扰动项，y 为转换后的农民工主观幸福感观测值，分别赋值为 1~5。

经过转换后，农民工主观幸福感观测值与真实值不能完全吻合，因此假设 y_i^* 为第 i 个农民工的真实主观幸福感，符合条件

$$y_i^*=AX_i+\alpha_i \tag{5-3}$$

式（5-3）中，A 为待估参数，α_i 为模型截距。

令 u_1、u_2、u_3、u_4为 4 个临界点，使得

$$y=\begin{cases}1, & y^*<u_1\\ 2, & u_1<y^*<u_2\\ 3, & u_2<y^*<u_3\\ 4, & u_3<y^*<u_4\\ 5, & y^*>u_4\end{cases} \tag{5-4}$$

在得到 α_i 和 A 的参数估计后，测量结果 y 的各个取值概率由式（5-5）得到。

$$P(y<j \mid X_i)=\frac{\exp(\beta X_i+\epsilon_i)}{1+\exp(\beta X_i+\epsilon_i)} \tag{5-5}$$

o-probit 模型的原理与 o-logit 模型相似，但两者服从的分布方式不同。o-logit模型的设定为服从 Logistic 分布，o-probit 模型则服从随机正态分布。已有经验表明，o-probit 模型与 o-logit 模型可相互检验稳健性，因此本节在使用 o-logit模型的同时结合 o-probit 模型检验 OLS 模型的整体稳健性。

OLS 模型、o-probit 模型与 o-logit 模型可能存在模型选择偏误从而导致内生性问题。为了解决该内生性问题，本节将采用倾向得分匹配法纠正模型选择偏误。农民工的工作时长与主观幸福感关系是本节研究的重点之一，假设 D_i

为农民工工作时长的指示变量，样本中的每一个农民工均有两种潜在的主观幸福感水平，即令 y_{1i} 为农民工工作时长超过法定时长时的主观幸福感，y_{0i} 为农民工工作时长未超过法定时长时的主观幸福感，农民工劳动时长对主观幸福感水平的因果影响为 $y_{1i}-y_{0i}$。观测数据只能观测到农民工工作时长是否超过法定时长的其中一种状态以及对应的主观幸福感，因此通过 PSM 方法构造反事实状态解决有关数据无法直接观测的问题。参照罗森鲍姆和罗宾（1983）以及程名望等（2020）的经验，使用倾向得分匹配法时，需要将农民工样本分为“处理组”与“控制组”，即通过将农民工样本分组计算各组的倾向得分；根据倾向得分对“处理组”和“控制组”中的样本进行匹配，使两组农民工样本除了工作时长这一处理变量以外的其他特征变量尽可能相同；匹配后计算平均处理效应（*ATT*），并根据 *ATT* 的统计结果得出结论。在本节中，*ATT* 的计算公式如下：

$$ATT = E(y_{1i} - y_{0i} \mid D_i = 1) = \frac{1}{N}\sum\nolimits_{i:\ D_i=1}^{1}(y_i - \sum\nolimits_{j:\ D_j=1}^{1} w(i,\ j)\ y_j\ ) \quad (5-6)$$

式（5-6）中，D_i 为处理变量，反映农民工工作时长是否超过法定时长的状况，共分为“超过”“未超过”两种结果。N 为处理组的个体数，y_i 和 y_j 分别为处理组 i 和控制组 j 的结果，w（i，j）为适应于配对（i，j）的权重。

二、变量选取

（一）被解释变量

前文通过 10 个指标测度了农民工主观幸福感，该测度结果是一个取值区间为［0，1］的数值，属于连续变量。本章第一节把该连续变量作为基准模型的因变量，考察就业质量与农民工主观幸福感的因果关系，并通过平均划分区间、替换关键变量的方式将主观幸福感由连续变量转换为多元有序变量，使用 o-probit 和 o-logit 模型进行稳健性检验。

（二）解释变量

（1）就业质量。就业质量是一个多维度概念，反映了研究对象的就业状况。学术界目前尚未形成统一的就业质量指标，因此学者们构建的就业质量指标各有不同。本节参考卢海阳等（2017）、聂伟（2019）的经验，并考虑到数据的可获得性，选取了工作回报、工作强度、工作稳定性、工作保障、工作类型 5 个维度共 8 个指标来测量就业质量。此外，为了在一定程度上解决遗漏变量可能导致的内生性问题，本节还引入了控制变量，有关变量的详情如表 5-1 所示。

（2）工作回报。学术界通常将一定时期内农民工的工作收入作为衡量工作回报的指标。基于此，本节以农民工上一年全年工作收入数值来反映工作回报。农民工的收入数值较大，直接将收入纳入回归模型可能会因数据波动而造成误差，因此我们可以先对收入指标取对数再将其纳入方程。回归结果中工作收入对主观幸福感的影响方向及显著性是反映农民工是否存在“幸福悖论”的重要依据。

（3）工作强度。农民工的工作强度由工作时长、工作时长平方组成，其中，工作时长由农民工平均每天工作小时数测得。考虑到农民工可能因工作不稳定导致工作时长偏短，使回归模型中工作时长与主观幸福感呈现倒U形关系，本节除了直接将工作时长纳入回归模型外，还设工作时长的平方数考察工作时长与主观幸福感的非线性关系。此外，本节还将工作时长平方数除以100，以降低数据波动可能造成的误差。

（4）工作自主性。该维度由农民工能够自主决定工作具体方式的程度来衡量，属于有序分类变量，该变量对应4个不同等级，分别为“完全不能自主”“很少程度上自主”“能在一定程度上自主”“完全自主决定”，并依次赋值1~4。

（5）工作保障。本节以农民工签订劳动合同情况、参加基本医疗保障及参加基本养老保障的状况衡量工作保障维度。农民工签订了劳动合同的赋值为1，未签订劳动合同的赋值为0①；参加基本医疗保险的赋值为1，没有参加基本医疗保险的赋值为0；参加基本养老保险的赋值为1，没有参加基本养老保险的赋值为0。

（6）工作类型。工作类型由“是否为国有部门”来衡量。本节将“机关、事业单位”及“国有和国有控股企业”归类为国有部门，其他单位归类为非国有部门，当农民工的工作单位为国有部门时赋值为1，工作单位为非国有部门时赋值为0。

（7）控制变量。已有研究表明，主观幸福感受到性别、年龄、受教育程度等个体因素的影响，因此研究就业质量与农民工主观幸福感，应将农民工个体特征纳入回归模型中（陈刚 等，2012；李后建，2014）。本节借鉴闰丙金（2012）及陈刚等（2012）的经验，并考虑到年龄对主观幸福感的影响可能呈现U形轨迹，以农民工的性别、年龄、年龄的平方除以100、受教育程度、婚

---

① 签订劳动合同是维护雇主与雇员利益的重要手段。属于个体工商户、自由职业者的农民工群体并不完全适用于签订劳动合同的情景，但该群体通常相比受雇性质的农民工能够更好地维护自身权益，因此本书把上述群体归类为签订了劳动合同。

姻状况作为控制变量。将农民工受教育程度“小学及以下”赋值为1，“初中”赋值为2，“高中及中专”赋值为3，“大专、大学及以上学历”赋值为4。本书以就业—闲暇理论为基础，探讨农民工主观幸福感的影响因素，因此需要将反映闲暇活动时长的变量及其他代理变量作为控制变量纳入回归模型中，即农民工从事家务活动的代理变量分别由“做饭的频率”“洗衣服的频率”和“做清洁的频率”3个变量组成，并经过标准化后形成3个取值范围为［0，1］的连续变量，其数值越大代表农民工从事该活动的频率越高，相应地说明从事该活动所消耗的时间越长①。类似地，本节把社交/串门的频率、休息放松的频率与学习的频率纳入回归模型中，该3个变量亦通过了标准化处理②。考虑到以上变量可能与主观幸福感存在非线性关系，本书将从事家务活动的代理变量及其他变量标准化后数值的平方纳入基准模型中。此外，已有研究表明，农民工主观幸福感还受到一系列认知的影响，借鉴卢海阳等（2017）、张彤进等（2020）的经验，本节引入“主观社会阶层”“社会公平感”及“社会信任”3个变量构成“社会认知”维度，作为控制变量的组成部分。表5-1为农民工就业质量对农民工主观幸福感影响的变量选取及定义。

表5-1　农民工就业质量对农民工主观幸福感影响的变量选取及定义

变量类型	变量维度	变量名称	变量定义
核心自变量	工作回报	工作收入对数	上一年工作收入的对数
	工作强度	工作时长	周工作小时数
		工作时长的平方/100	工作时长的平方/100
核心自变量	工作自主性	自主决定工作的程度	1=完成不能自主；2=在很少程度上自主；3=能在一定程度上自主；4=完全自主决定
	工作保障	是否参加基本医疗保险	是=1；否=0
		是否参加基本养老保险	是=1；否=0
		是否签订劳动合同	是=1；否=0
	工作类型	是否为国有部门	是=1；否=0

① 该3个变量原本由李克特7分表取值来反映，其中“从未做过”赋值为1，代表最低频率，“几乎每天”赋值为7，代表最高频率。

② 该3个变量由李克特5分表取值来反映，其中“从不”赋值为1，代表最低频率，“非常频繁”赋值为5，代表最高频率。

表5-1(续)

变量类型	变量维度	变量名称	变量定义
控制变量	个体因素	性别	男=1；女=0
		年龄	真实值
		年龄的平方/100	年龄的平方/100
		受教育程度	小学及以下=1；初中=2；高中及中专=3；大专、大学及以上=4
		婚姻状况	已婚=1；未婚=0
	闲暇活动	做饭的频率	标准化处理，最低频率赋值为0，最高频率赋值为1
		洗衣服的频率	
		做清洁的频率	
		社交/串门的频率	
		休息放松的频率	
		学习的频率	
		做饭的频率的平方	各指标标准化处理后数值的平方
		洗衣服的频率的平方	
		做清洁的频率的平方	
		社交/串门的频率的平方	
		休息放松的频率的平方	
		学习的频率的平方	
	社会认知	主观社会阶层	取值1~10，“1”为最底层；“10”为最顶层
		社会公平感	1=非常不公平；2=比较不公平；3=一般；4=比较公平；5=非常公平
		社会信任	1=完全不可信；2=比较不可信；3=一般；4=比较可信；5=非常可信

三、农民工就业质量相关自变量的描述性统计结果

表5-2为农民工就业质量相关自变量的描述性统计结果，该结果反映了自变量的平均值、标准差、最小值与最大值。从性别变量来看，农民工性别平

均值为0.586，表明样本中有58.6%的男性农民工。从年龄变量来看，样本中的农民工平均年龄为39.259岁，年龄最小的农民工为18岁，年龄最大的为60岁。从受教育程度来看，样本中的农民工受教育程度均值为2.436，标准差为1.013，说明农民工平均受教育程度为初中或高中程度，农民工的文化程度普遍不高。从婚姻状况来看，样本平均值为0.811，说明已婚的农民工样本占大多数，且占比达到81.1%。从工作收入来看，农民工的年工作收入对数平均值为10.462，对应的指数约为34 961.40元。从工作时长来看，样本中的农民工平均每周工作54.603小时，比《中华人民共和国劳动法》规定的44小时多出10.603小时。从工作自主性来看，农民工自主决定工作程度平均值为2.894，说明农民工群体能够在一定程度上自主决定自身工作。从基本保险来看，分别有90.8%与66.4%的农民工参与了基本医疗保险与基本养老保险，说明基本医疗保险对农民工群体的覆盖率较高，基本养老保险对农民工群体的覆盖率则有待提升。表5-2还显示，“农民工签订劳动合同”这一指标的平均值为0.585，说明只有58.5%的农民工与工作单位签订了劳动合同，而近半数农民工未签订劳动合同。从工作类型来看，“是否为国有部门”的平均值为0.162，说明有16.2%的农民工在国有部门工作。

闲暇时间与社会认知维度方面，农民工做饭、洗衣服、做清洁的频率平均值分别为0.716、0.702与0.716，说明部分农民工在“必要型活动”方面投入时间较少，家庭内部分工或性别不平等可能是造成上述现象的原因。农民工社交/串门频率的平均值为0.467，说明农民工利用闲暇时间社交或串门的频率并不高，相应地说明该活动占据农民工闲暇时间的份额较小。

表5-2　农民工就业质量相关自变量的描述性统计结果

变量名称	平均值	标准差	最小值	最大值
工作收入对数	10.462	0.842	6.908	13.459
工作时长	54.603	25.545	0	168
工作时长的平方/100	36.385	37.199	0	282.240
自主决定工作的程度	2.894	0.954	1	4
是否参加基本医疗保险	0.908	0.289	0	1
是否参加基本养老保险	0.664	0.472	0	1
是否签订劳动合同	0.585	0.493	0	1
是否为国有部门	0.162	0.369	0	1

表5-2(续)

变量名称	平均值	标准差	最小值	最大值
性别	0.586	0.493	0	1
年龄	39.259	10.835	18	60
年龄的平方/100	16.587	8.649	3.240	36
受教育程度	2.436	1.013	1	4
婚姻状况	0.811	0.392	0	1
做饭的频率	0.716	0.332	0	1
洗衣服的频率	0.702	0.337	0	1
做清洁的频率	0.716	0.303	0	1
社交/串门的频率	0.467	0.306	0	1
休息放松的频率	0.554	0.211	0	1
学习的频率	0.267	0.252	0	1
做饭的频率平方	0.623	0.378	0	1
洗衣服的频率平方	0.606	0.364	0	1
做清洁的频率平方	0.605	0.349	0	1
社交/串门的频率平方	0.312	0.351	0	1
休息放松的频率平方	0.351	0.229	0	1
学习的频率平方	0.135	0.186	0	1
主观社会阶层	2.326	0.818	1	5
社会公平感	2.987	1.081	1	5
社会信任	3.324	1.051	1	5

四、农民工就业质量对主观幸福感影响的实证结果

(一) 农民工就业质量对主观幸福感的主效应分析

表 5-3 反映了农民工就业质量与主观幸福感的 OLS 模型回归结果，为了提高模型的稳健性，本节采取了将自变量逐步纳入模型的回归方式，由此得到模型 1 至模型 5。表中各自变量、控制变量的系数作用方向并没有随着纳入变量的增加而发生变化，且显著性程度变化微弱，这在一定程度上说明农民工就业质量对主观幸福感的主效应模型是稳健的。

工作回报方面，农民工的工作年收入对其主观幸福感有显著影响，即农民工的主观幸福感随着工作收入的增加而显著提升。该结果在一定程度上说明，当前我国的农民工尚未出现“幸福悖论”，提高个人工作收入仍然是农民工获得幸福的重要渠道之一。

工作强度方面，工作时长与农民工主观幸福感存在显著的正向线性关系，但工作时长的平方除以100显著负向影响农民工主观幸福感，上述两个变量均在10%的统计水平上显著。由于农民工工作时长及其平方项可合并为一个平方项形式的变量，结合该平方项变量的对称轴及取值范围可知，农民工工作时长与主观幸福感呈现非线性关系：当工作时长未超过某一临界值时，农民工主观幸福感水平随着工作时长的增加而上升；当工作时长超过某一临界值时，农民工主观幸福感水平随着工作时长的增加而下降。

工作自主性方面，当农民工能够更自主决定自身工作时，其主观幸福感水平显著提高，说明灵活的工作（包括工作形式与工作时间安排）有助于提升农民工的主观幸福感。

工作保障方面，参加了基本养老保险的农民工相比于未参加基本养老保险的农民工拥有更高的主观幸福感水平，说明参加基本养老保险能够显著提高农民工主观幸福感；类似地，参加基本医疗保险的农民工相比于未参加基本医疗保险的农民工拥有更高的主观幸福感，说明参加基本医疗保险能够显著提高农民工的主观幸福感，但对比其系数以及显著性可发现，相比于参加基本医疗保险，参加基本养老保险对农民工主观幸福感的边际贡献更大。回归结果还反映出如下结果：签订劳动合同对农民工主观幸福感具有正向影响，且统计结果在10%的水平上显著。

工作类型方面，在国有部门工作的农民工，具有更高水平的主观幸福感，这可能是因为相比于非国有部门，国有部门无论是在工作收入还是在工作时间方面都表现得更为稳定，并在工作保障等方面为农民工提供了更好的体验，因此在国有部门工作的农民工具有更高水平的主观幸福感。

个体特征方面，性别对农民工主观幸福感没有显著的影响，说明农民工主观幸福感并不会表现出显著的性别差异。农民工的年龄及其平方项均显著影响主观幸福感，且两个变量均在10%的统计水平上显著；农民工的年龄与主观幸福感显著负相关，年龄的平方除以100则与主观幸福感显著正相关，上述结果共同说明农民工的年龄与主观幸福感水平呈现U形关系：当农民工的年龄低于某一临界值时，其主观幸福感水平随着年龄的增长而降低；当农民工的年龄高于某一临界值时，其主观幸福感水平随着年龄的增长而上升。造成该结果的原因可能是处于临界值及其边缘的农民工正处于急需工作以养家糊口、体力相比年轻员工处于劣势的阶段，巨大的生活压力降低了农民工的主观幸福感水平；随着步入中老年阶段，农民工在财富上有所积累，其子女成人后减轻了家庭的经济负担，农民工的主观幸福感水平有所回升。相比于受教育程度为小学及以下的农民工，接受更高教育程度的农民工拥有更高的主观幸福感，且系数大小呈现大专、大学及以上>高中及中专>初中，说明受教育程度对农民工主观幸福感的边际贡献持续为正。此外，相比于未婚农民工，已婚农民工的主观幸福感获得了显著提升，说明对于农民工而言，婚姻能显著提高其主观幸福感。

闲暇活动方面，农民工在不同的活动中投入的时间对主观幸福感影响的显著性与方向各不相同：做饭频率及其平方项与主观幸福感显著相关，变量的一次项显著负向影响主观幸福感，变量的平方项显著正向影响主观幸福感；与做饭类似，农民工洗衣服的频率及其平方项与主观幸福感显著相关，变量的显著性与作用方向与做饭活动相似；做清洁频率及其平方项与主观幸福感显著相关，变量的一次项显著正向影响主观幸福感，变量的平方项显著负向影响主观幸福感。上述回归结果表明，做清洁对农民工主观幸福感的影响方向与做饭、洗衣服有所不同。农民工的社交/串门频率、休息放松的频率与学习的频率 3 个变量的平方项对主观幸福感的影响不显著，并且上述 3 个变量的一次项中只有休息放松的频率显著正向影响主观幸福感，其余 2 个变量的一次项与主观幸福感显著不相关。该结果在一定程度上说明，提高社交/串门的频率并不能相应提升农民工的主观幸福感水平，造成该现象可能的原因如下：一是互联网的普及使农民工足不出户即可满足基本社交需求，使面对面的社交方式受到挤兑；二是农民工在城市生活，其社会网络发生了巨大的变化，与本地市民存在的多种隔阂使农民工社会交往原子化愈发明显。提高学习的频率亦不能提升农民工的主观幸福感水平，这可能是因为：尽管学习能够提升农民工个体的人力资本，但这一方式存在见效缓慢、时间投入巨大的特点，对于把大量时间投入到工作中的农民工而言，学习难以带来美好的即时体验。因此相比于社交/串门、学习，休息放松反而是更好的选择，因为它能够舒缓身心，带来较好的即时体验，进而提升农民工的主观幸福感水平。

社会认知方面，模型 1~模型 5 中，农民工主观社会阶层、社会公平感与社会信任均显著正向影响主观幸福感，且显著性都通过了 1%水平的检验。该回归结果表明，认为自身经济社会阶层位置越高、社会越公平、人与人之间互信程度越高的农民工，其主观幸福感水平越高。

表 5-3 农民工就业质量对主观幸福感的主效应回归结果

变量名称	模型 1	模型 2	模型 3	模型 4	模型 5
工作收入对数	0.010*** (0.003)	0.010*** (0.003)	0.010*** (0.003)	0.010*** (0.003)	0.009*** (0.003)
工作时长		0.010*** (0.001)	0.010*** (0.002)	0.010*** (0.002)	0.010*** (0.002)
工作时长的平方/100		−0.013*** (0.002)	−0.013*** (0.002)	−0.012*** (0.002)	−0.012*** (0.002)
自主决定工作的程度			0.006** (0.002)	0.006** (0.002)	0.006** (0.003)
是否参加基本医疗保险				0.012** (0.006)	0.012** (0.006)
是否参加基本养老保险				0.015*** (0.005)	0.013** (0.006)
是否签订劳动合同				0.008* (0.005)	0.007* (0.004)
是否为国有部门					0.016** (0.007)
性别	0.004 (0.006)	0.002 (0.006)	0.002 (0.006)	0.002 (0.006)	0.002 (0.006)
年龄	−0.003* (0.002)	−0.003* (0.002)	−0.003* (0.002)	−0.003* (0.002)	−0.003* (0.002)
年龄的平方/100	0.003* (0.002)	0.004* (0.002)	0.004* (0.002)	0.004* (0.002)	0.004* (0.002)
受教育程度					
初中	0.029*** (0.007)	0.028*** (0.007)	0.029*** (0.007)	0.028*** (0.007)	0.028*** (0.007)
高中及中专	0.034*** (0.008)	0.034*** (0.008)	0.036*** (0.008)	0.034*** (0.008)	0.034*** (0.008)
大专、大学及以上	0.036*** (0.009)	0.037*** (0.009)	0.044*** (0.009)	0.042*** (0.009)	0.042*** (0.009)
婚姻状况	0.019*** (0.007)	0.020*** (0.007)	0.022*** (0.007)	0.021*** (0.007)	0.021*** (0.007)
做饭的频率	−0.005 (0.009)	−0.005 (0.010)	−0.006 (0.009)	−0.006 (0.009)	−0.006 (0.009)

表5-3(续)

变量名称	模型 1	模型 2	模型 3	模型 4	模型 5
洗衣服的频率	−0.017 (0.011)	−0.018* (0.010)	−0.018* (0.010)	−0.017* (0.010)	−0.017* (0.010)
做清洁的频率	0.031** (0.012)	0.028** (0.012)	0.032*** (0.012)	0.030*** (0.015)	0.030*** (0.012)
社交/串门的频率	0.013 (0.008)	0.014 (0.008)	0.014 (0.008)	0.013 (0.008)	0.013 (0.008)
休息放松的频率	0.056*** (0.012)	0.055*** (0.011)	0.054*** (0.011)	0.056*** (0.011)	0.056*** (0.011)
学习的频率	0.016 (0.010)	0.015 (0.010)	0.012 (0.010)	0.012 (0.012)	0.013 (0.010)
做饭频率的平方	0.058** (0.029)	0.060** (0.029)	0.061** (0.029)	0.052** (0.026)	0.049* (0.028)
洗衣服频率的平方	0.057* (0.031)	0.060* (0.030)	0.061** (0.030)	0.066** (0.030)	0.068** (0.030)
做清洁频率的平方	−0.067** (0.032)	−0.067** (0.032)	−0.070** (0.032)	−0.063** (0.030)	−0.064** (0.032)
社交/串门频率的平方	−0.010 (0.024)	−0.011 (0.024)	−0.010 (0.024)	−0.007 (0.024)	−0.007 (0.024)
休息放松频率的平方	0.022 (0.040)	0.029 (0.040)	0.030 (0.040)	0.033 (0.040)	0.037 (0.040)
学习频率的平方	0.006 (0.034)	0.006 (0.034)	0.007 (0.034)	0.015 (0.034)	0.012 (0.034)
主观社会阶层	0.031*** (0.003)	0.031*** (0.003)	0.030*** (0.003)	0.030*** (0.003)	0.030*** (0.003)
社会公平感	0.012*** (0.002)	0.012*** (0.002)	0.012*** (0.002)	0.012*** (0.002)	0.012*** (0.002)
社会信任	0.010*** (0.002)	0.009*** (0.002)	0.009*** (0.002)	0.009*** (0.002)	0.009*** (0.002)

注：***、** 和 * 分别表示在 1%、5%和 10%的统计水平上显著；括号内数字为变量的标准误；所有分类变量以最小值为参照。

（二）农民工就业质量对主观幸福感影响的异质性分析

已有研究表明，农民工在城镇的就业状况存在性别差异，具体表现为女性的就业机会等普遍低于男性（王维国 等，2014；马志雄 等，2018）；朱慧劼等（2019）研究发现，就业质量对农民工精神健康的影响存在性别差异。上述研究说明，农民工是一个庞大而多样的群体，仅将其视为一个整体来展开研究容易忽视其特征多样性。鉴于此，本节按照农民工性别特征、婚姻特征、代际特征与收入水平对农民工进行分类，进而展开异质性分析。

1. 不同性别的农民工就业质量对主观幸福感的影响

表 5-4 为不同性别的农民工就业质量对主观幸福感影响的回归结果。模型 6 中的样本为女性农民工，模型 7 中的样本为男性农民工。从整体来看，相比于男性农民工，女性农民工就业质量对主观幸福感的影响指标较少。从工作回报来看，个人工作收入的增加能提高男女性农民工主观幸福感，但该指标对男性农民工更显著，边际效应更大。工作强度方面，工作时长及其平方项对女性农民工主观幸福感具有显著影响，且两个变量的系数均在10%统计水平上显著；相比女性农民工，上述两个变量对男性农民工主观幸福感的影响更为显著，工作时长与男女性农民工主观幸福感存在倒 U 形关系。工作自主性方面，相比于女性农民工，自主决定工作的程度对男性农民工主观幸福感的影响更大，男性农民工更希望灵活自主地决定自身工作。总体而言，无论男性农民工还是女性农民工，提高自主决定工作的程度都能够提升其主观幸福感水平。基本保险方面，对女性农民工而言，参加基本养老保险和参加基本医疗保险都能提升其主观幸福感，且这两个变量的回归系数大于男性农民工，这说明参加基本医疗保险与参加基本养老保险对女性农民工主观幸福感水平的影响程度更大。从参加的保险项目来看，无论男性农民工还是女性农民工，参加基本医疗保险相比基本养老保险更能够提升主观幸福感。此外，签订劳动合同不能显著提高女性农民工的主观幸福感，但在10%的统计水平上对男性农民工的主观幸福感作用显著。上述结果说明了就业质量对农民工主观幸福感存在一定程度的性别差异，造成该现象的原因可能是农民工群体的工作收入与社会地位普遍较低，为了获取更多收入且兼顾对家庭的照料，农民工家庭内部形成分工，即男性作为务工的主力，而女性则以务工作为家庭收入的补充。男性农民工在获取收入方面负担更重，因此他们会更希望工作回报、工作强度、工作保障获得改善。对女性农民工而言，增加女性农民工的工作自主性与工作保障程度能够大幅提高该群体的主观幸福感，因此不可忽视工作对女性农民工主观幸福感的边际贡献。

表 5-4　不同性别的农民工就业质量对主观幸福感影响的回归结果

变量名称	模型 6（女性农民工）		模型 7（男性农民工）	
	系数	标准误	系数	标准误
工作收入对数	0.006*	0.003	0.011***	0.004
工作时长	0.007*	0.004	0.013***	0.002
工作时长的平方/100	-0.005*	0.003	-0.015***	0.002
自主决定工作的程度	0.005**	0.002	0.010***	0.003
是否参加基本医疗保险	0.045***	0.014	0.035***	0.011
是否参加基本养老保险	0.015**	0.007	0.013*	0.007
是否签订劳动合同	0.007	0.007	0.010*	0.006
是否为国有部门	0.007	0.011	0.023***	0.008
个体因素	已控制		已控制	
闲暇活动	已控制		已控制	
社会认知	已控制		已控制	

注：***、** 和 * 分别表示在 1%、5% 和 10% 的统计水平上显著；所有分类变量以最小值为参照。

2. 不同婚姻状况的农民工就业质量对主观幸福感的影响

表 5-5 为不同婚姻状况的农民工就业质量对主观幸福感影响的回归结果。模型 8 中的样本为未婚农民工，模型 9 中的样本为已婚农民工。从工作回报来看，工作收入对未婚农民工与已婚农民工主观幸福感均具有显著影响，且作用方向为正。相比于已婚农民工，未婚农民工的个人年收入系数更大，说明个人年收入对未婚农民工主观幸福感的边际贡献更大，造成该结果的原因可能是配偶分担了已婚农民工的部分收入压力，并且收入过低可能是导致农民工未婚的因素之一。工作强度方面，工作时长及其平方项对未婚农民工与已婚农民工的主观幸福感具有显著影响，系数作用方向一致且大小相近，说明工作时长与农民工主观幸福感的关系不存在明显的婚姻差异。农民工在自主决定工作程度对主观幸福感的影响方面存在边际贡献大小的差异：相比于已婚农民工，自主决定工作的程度对未婚农民工主观幸福感的边际贡献更大。基本保险方面，参加基本养老保险对未婚农民工主观幸福感的提升不显著，但能够在 10%的统计水平上显著提升已婚农民工的主观幸福感。此外，回归结果还表明，参加基本医疗保险能够在 10%的统计水平上显著正向地作用于未婚农民工的主观幸福感，

在1%的统计水平上显著正向地作用于已婚农民工的主观幸福感。签订劳动合同与在国有部门工作均不能提升未婚农民工的主观幸福感，但能够显著提升已婚农民工的主观幸福感。上述回归结果反映出就业质量对已婚农民工主观幸福感具有更广的影响维度，且相比于未婚农民工，已婚农民工更希望自身的工作权益得到保障，并通过参与基本养老保险降低可能面临的风险。

表 5-5　不同婚姻状况的农民工就业质量对主观幸福感的回归结果

变量名称	模型 8（未婚农民工）		模型 9（已婚农民工）	
	系数	标准误	系数	标准误
工作收入对数	0.018***	0.007	0.010***	0.003
工作时长	0.010*	0.006	0.010***	0.002
工作时长的平方/100	-0.010**	0.004	-0.011***	0.002
自主决定工作的程度	0.014**	0.007	0.006**	0.003
是否参加基本医疗保险	0.027*	0.016	0.320***	0.058
是否参加基本养老保险	0.011	0.013	0.012*	0.006
是否签订劳动合同	0.011	0.013	0.006*	0.003
是否为国有部门	0.013	0.020	0.018**	0.007
个体因素	已控制		已控制	
闲暇活动	已控制		已控制	
社会认知	已控制		已控制	

注：***、** 和 * 分别表示在 1%、5% 和 10% 的统计水平上显著；所有分类变量以最小值为参照。

3. 不同代际的农民工就业质量对主观幸福感的影响

表 5-6 为不同代际的农民工就业质量对主观幸福感影响的回归结果。模型 10 中的样本为老农民工，模型 11 中的样本为新农民工。工作回报方面，工作收入对数对新老农民工的主观幸福感均有显著的正向影响，工作收入对数对新农民工样本的影响系数大于老农民工样本，说明工作收入对新农民工的主观幸福感具有更大的边际贡献。工作强度方面，工作时长与新农民工、老农民工主观幸福感均呈倒 U 形关系，但新农民工样本中，工作时长变量的一次项系数小于老农民工样本，说明随着工作时间的延长，新农民工比老农民工更早迎来工作时长“拐点”，造成该现象的原因可能在于老农民工相比新农民工更能够接受长时间工作。自主决定工作的程度方面，对于老农民工与新农民工而

言，自主决定工作的程度越高，新老农民工的主观幸福感越高。自主决定工作的程度对新农民工样本的作用尤为明显，这在一定程度上解释了工作时长一次项对新老农民工主观幸福感的系数差异。参加基本医疗保险和基本养老保险能够显著提高老农民工的主观幸福感，该结果在1%的统计水平上显著；与老农民工不同的是，参加基本医疗保险和基本养老保险均不能够显著提高新农民工的主观幸福感。签订劳动合同、在国有部门工作均对老农民工的主观幸福感有显著影响，但签订劳动合同不能显著影响新农民工的主观幸福感。造成以上差异的原因可能是相比新农民工，老农民工在照料家庭方面具有更沉重的负担，因此他们对自身权益的保障更为关切。

表 5-6　不同代际的农民工就业质量对主观幸福感的回归结果

变量名称	模型 10（老农民工）		模型 11（新农民工）	
	系数	标准误	系数	标准误
工作收入对数	0.009***	0.003	0.014*	0.008
工作时长	0.010***	0.002	0.002***	0.001
工作时长的平方/100	−0.010***	0.002	−0.010***	0.005
自主决定工作的程度	0.006**	0.003	0.018***	0.006
是否参加基本医疗保险	0.028***	0.010	0.016	0.017
是否参加基本养老保险	0.019***	0.006	0.012	0.012
是否签订劳动合同	0.009*	0.005	0.014	0.013
是否为国有部门	0.017**	0.008	0.032**	0.016
个体因素	已控制		已控制	
闲暇活动	已控制		已控制	
社会认知	已控制		已控制	

注：***、** 和 * 分别表示在 1%、5% 和 10% 的统计水平上显著；所有分类变量以最小值为参照。

4. 不同收入水平的农民工就业质量对主观幸福感的影响

为了进一步考察农民工收入与主观幸福感的关系，本节以农民工样本的收入中位数为参考，将农民工样本分为“低收入农民工”与“高收入农民工”，使用 OLS 模型检验就业质量对主观幸福感的效应。表 5-7 为不同收入的农民工就业质量对主观幸福感影响的回归结果。模型 12 中的样本为低收入农民工，模型 13 中的样本为高收入农民工。回归结果表明，工作收入对数对农民工主观幸福感的影响存在收入水平的异质性：对于低收入的农民工，个人年收入的增加能够提升他们的主观幸福感，且在1%的统计水平上显著；对于高收入农民工，工作收入对数对其主观幸福感作用通过了10%的统计水平的检验，且作用方向为正。上述结果进一步说明，大多数农民工仍不存在“幸福悖论”，个人可得财富或服务的增加仍然能够提升主观幸福感，但回归系数的差异说明随着个人总收入的提高，财富对主观幸福感呈现边际效应递减的迹象。当前我国经济已经由高速增长阶段转向高质量发展阶段，收入对农民工主观幸福感的增长效应可能会进一步降低，因此在未来仍有必要关注收入与农民工主观幸福感的关系。

表5-7　不同收入水平的农民工就业质量对主观幸福感的回归结果

变量名称	模型12（低收入农民工）		模型13（高收入农民工）	
	系数	标准误	系数	标准误
工作收入对数	0.020***	0.005	0.007*	0.004
工作时长	0.013*	0.007	0.012***	0.003
工作时长的平方/100	0.008	0.010	-0.011***	0.002
自主决定工作的程度	0.014	0.033	0.009**	0.004
是否参加基本医疗保险	0.021**	0.010	0.023*	0.012
是否参加基本养老保险	0.014**	0.007	0.037***	0.009
是否签订劳动合同	0.009	0.007	0.010*	0.006
是否为国有部门	0.025***	0.009	0.013	0.009
个体因素	已控制		已控制	
闲暇活动	已控制		已控制	
社会认知	已控制		已控制	

注：***、**和*分别表示在1%、5%和10%的统计水平上显著；所有分类变量以最小值为参照。

（三）农民工就业质量与主观幸福感回归模型的稳健性检验

1. 替换基准模型

表5-8为农民工就业质量对主观幸福感回归模型的稳健性检验结果（1）。模型14为o-logit模型，模型15为o-probit模型。使用上述两个模型的前提是因变量为多元有序变量，本节参照第三章的方法，将农民工主观幸福感的取值区间均分为5个区间，且各区间从低到高依次对应评价“非常不幸福”“比较

不幸福”“一般”“比较幸福”与“非常幸福”。回归结果显示，模型5、模型14与模型15各变量的系数方向、显著性基本一致，说明从整体上看，OLS模型是稳健的。

表5-8 农民工就业质量对主观幸福感的稳健性检验结果（1）

变量名称	模型14（o-logit模型）		模型15（o-probit模型）	
	系数	标准误	系数	标准误
工作收入对数	0.114**	0.055	0.074**	0.034
工作时长	0.015***	0.005	0.011***	0.003
工作时长的平方/100	-0.013***	0.004	-0.012***	0.002
自主决定工作的程度	0.096*	0.050	0.052*	0.028
是否参加基本医疗保险	0.139*	0.075	0.176*	0.096
是否参加基本养老保险	0.266**	0.108	0.282***	0.061
是否签订劳动合同	0.135	0.101	0.066	0.057
是否为国有部门	0.059*	0.033	0.032**	0.014
个体因素	已控制		已控制	
闲暇活动	已控制		已控制	
社会认知	已控制		已控制	

注：***、**和*分别表示在1%、5%和10%的统计水平上显著；所有分类变量以最小值为参照；有关变量在模型中已得到控制，表中不再显示相关统计结果。

2. 替换被解释变量

表5-9为农民工就业质量对主观幸福感回归模型的稳健性检验结果（2）。其中，模型16为o-logit模型，模型17为o-probit模型。在模型14、模型15的基础上，本节使用CGSS数据中以自陈量表方式测得的农民工主观幸福感水平作为被解释变量，替换原模型中的被解释变量。新的被解释变量为有序变量，从低到高依次对应评价“非常不幸福”“比较不幸福”“一般”“比较幸福”与“非常幸福”。回归结果显示，模型5、模型16与模型17各变量的系数方向、显著性基本一致，说明基准模型（模型5）是稳健的。

表 5-9　农民工就业质量对主观幸福感的稳健性检验结果（2）

变量名称	模型 16（o-logit 模型）		模型 17（o-probit 模型）	
	系数	标准误	系数	标准误
工作收入对数	0. 043**	0. 018	0. 015***	0. 003
工作时长	0. 012***	0. 004	0. 007***	0. 002
工作时长的平方/100	-0. 016*	0. 003	-0. 003**	0. 002
自主决定工作的程度	0. 100**	0. 049	0. 045*	0. 027
是否参加基本医疗保险	0. 604***	0. 162	0. 338***	0. 092
是否参加基本养老保险	0. 201*	0. 106	0. 095*	0. 058
是否签订劳动合同	0. 190*	0. 098	0. 112**	0. 054
是否为国有部门	0. 628***	0. 130	0. 345***	0. 072
个体因素	已控制		已控制	
闲暇活动	已控制		已控制	
社会认知	已控制		已控制	

注：***、** 和 * 分别表示在 1%、5%和 10%的统计水平上显著；所有分类变量以最小值为参照；有关变量在模型中已得到控制，表中不再显示相关统计结果。

（四）农民工就业质量与主观幸福感回归模型的内生性问题

考虑到可能存在模型选择偏误从而导致内生性问题，本节使用倾向得分匹配法（PSM）对农民工的工作时长进行处理，以降低模型造成的误差。PSM 主要有 k 近邻匹配、马氏匹配、核匹配等匹配方式，本节采取 k 近邻匹配（k=1）对模型进行检验。

本节对工作时长变量进行如下处理：工作时长小于等于 44 小时赋值为 0，工作时长超过 44 小时赋值为 1，使工作时长成为二分类处理变量。表 5-10 是以“工作时长”为处理变量的匹配变量平衡性检验结果。样本在匹配前标准化偏差绝对值大于 10%的解释变量个数多于匹配后，且绝大部分变量在匹配后标准化偏差绝对值小于 10%。这一结果说明 PSM 一定程度减少了两组样本之间的系统性差异。

表 5-10　以“工作时长”为处理变量的匹配变量平衡性检验结果

变量	名称	均值		标准化偏差/%	偏差减少/%	t 检验	
		处理组	控制组			t	$P>\|t\|$
工作收入对数	匹配前	10.420	10.545	−14.8		−3.40	0.001
	匹配后	10.420	10.354	7.8	47.7	2.06	0.039
自主决定工作的程度	匹配前	2.881	2.919	−4.2		−0.92	0.358
	匹配后	2.881	2.804	8.2	−97.7	2.23	0.026
是否参加基本医疗保险	匹配前	0.896	0.931	−12.3		−2.72	0.007
	匹配后	0.896	0.886	3.5	71.6	0.87	0.384
是否参加基本养老保险	匹配前	0.644	0.704	−12.8		−2.89	0.004
	匹配后	0.644	0.613	6.7	47.8	1.79	0.073
是否签订劳动合同	匹配前	0.566	0.623	−11.7		−2.66	0.008
	匹配后	0.566	0.598	−6.8	42.2	−1.87	0.062
是否为国有部门	匹配前	0.109	0.265	−40.7		−9.80	0.000
	匹配后	0.109	0.127	−4.6	88.7	−1.51	0.131
性别	匹配前	0.614	0.531	17.0		3.88	0.000
	匹配后	0.614	0.634	−4.0	76.6	−1.12	0.263
年龄	匹配前	39.419	38.946	4.3		0.99	0.321
	匹配后	39.419	39.886	−4.3	1.0	−1.25	0.211
年龄的平方/100	匹配前	16.658	16.445	2.4		0.56	0.575
	匹配后	16.658	16.934	−3.1	−29.2	−0.92	0.357
受教育程度	匹配前	2.319	2.665	−33.8		−7.87	0.000
	匹配后	2.319	2.333	−1.3	96.0	−0.38	0.703
婚姻状况	匹配前	0.812	0.807	1.1		0.26	0.797
	匹配后	0.812	0.847	−9.0	−693.2	−2.60	0.009
做饭的频率	匹配前	0.716	0.716	−0.5		−0.12	0.906
	匹配后	0.716	0.717	1.3	−146.9	0.37	0.713
洗衣服的频率	匹配前	0.694	0.716	−6.4		−1.46	0.144
	匹配后	0.694	0.692	0.8	87.9	0.22	0.830

表5-10(续)

变量	名称	均值		标准化偏差/%	偏差减少/%	t 检验	
		处理组	控制组			t	P>|t|
做清洁的频率	匹配前	0.716	0.716	0.1		0.02	0.987
	匹配后	0.716	0.716	-0.1	-50.3	-0.03	0.976
社交/串门的频率	匹配前	0.448	0.504	-18.1		-4.11	0.000
	匹配后	0.448	0.446	0.8	95.6	0.23	0.820
休息放松的频率	匹配前	0.546	0.570	-11.6		-2.62	0.009
	匹配后	0.546	0.539	3.3	71.7	0.87	0.383
学习的频率	匹配前	0.242	0.313	-28.2		-6.44	0.000
	匹配后	0.242	0.291	-19.3	31.6	-5.21	0.000
做饭频率的平方	匹配前	0.619	0.631	-3.2		-0.74	0.461
	匹配后	0.619	0.603	4.1	-28.1	1.17	0.241
洗衣服频率的平方	匹配前	0.596	0.625	-8.0		-1.82	0.069
	匹配后	0.596	0.590	1.5	81.0	0.42	0.671
做清洁频率的平方	匹配前	0.603	0.608	-1.3		-0.29	0.774
	匹配后	0.603	0.609	-1.6	-27.0	-0.44	0.660
社交/串门频率的平方	匹配前	0.294	0.348	-15.1		-3.47	0.001
	匹配后	0.294	0.284	2.9	81.0	0.83	0.405
休息放松频率的平方	匹配前	0.343	0.368	-10.7		-2.42	0.016
	匹配后	0.343	0.340	1.4	86.9	0.38	0.705
学习频率的平方	匹配前	0.119	0.163	-23.1		-5.33	0.000
	匹配后	0.119	0.156	-19.3	16.7	-5.21	0.000
主观社会阶层	匹配前	2.260	2.454	-23.9		-5.42	0.000
	匹配后	2.260	2.233	3.4	85.8	0.93	0.354
社会公平感	匹配前	2.963	3.035	-6.7		-1.51	0.131
	匹配后	2.963	3.059	-8.9	-33.6	-2.42	0.016
社会信任	匹配前	3.321	3.331	-0.9		-0.21	0.832
	匹配后	3.321	3.401	-7.6	-716.2	-2.20	0.028

表 5-11 为农民工工作时长对主观幸福感影响的平均处理效应结果。结果显示在未匹配时，样本总体的平均处理效应为-0.018，t 值为-3.49，说明在不纳入任何控制变量的情况下，超时工作的农民工主观幸福感低于未超时工作的农民工主观幸福感，且在 1%的统计水平上显著。观察样本匹配后的平均处理效应结果可知，超时工作将导致农民工主观幸福感水平下降，且在 5%的统计水平上显著，表 5-10 和表 5-11 的结果既说明了使用 PSM 方法缓解了模型设置导致的误差与可能的内生性问题，还说明了本节的基准回归模型具有较好的稳健性。

表 5-11　农民工工作时长对主观幸福感影响的平均处理效应结果

变量名称	样本	ATT 值		ATT 差分	标准误	t 值
		处理组	控制组			
工作时长	匹配前	0.633	0.652	-0.018	0.005	-3.49^{***}
	匹配后	0.633	0.648	-0.015	0.006	-2.41^{**}

第二节　农民工闲暇活动对主观幸福感影响的实证分析

一、模型构建

本节从农民工闲暇时间视角出发，以农民工主观幸福感为被解释变量、休闲活动的时间或其代理变量为解释变量构建计量模型，讨论农民工闲暇时间对主观幸福感的影响。由于解释变量为农民工主观幸福感（连续变量），本节仍采用 OLS 模型进行估计，模型表达式见公式（5-1）。构建 OLS 模型估计农民工闲暇时间对主观幸福感影响时，y_n 为样本中第 n 个农民工的主观幸福感水平，x_i 为影响农民工主观幸福感的一系列解释变量，α_0 与 β_i 为待估参数，σ_i 为随机扰动项。公式的自变量由两部分组成：一部分是反映农民工休闲时间的解释变量；另一部分是以农民工个体特征、就业质量以及社会认知为主的控制变量，用于消除遗漏变量可能带来的内生性问题。

二、变量选取

（一）被解释变量

本节延续上一节的研究方法，把农民工主观幸福感作为基准模型的被解释变量，考察农民工闲暇时间与主观幸福感的因果关系。本节研究中，被解释变量是一个取值区间为［0，1］的数值，属于连续变量。本节在考察农民工闲暇时间与主观幸福感的因果关系时，通过平均划分区间、替换关键变量的方式将主观幸福感由连续变量转换为多元有序变量，使用 o-probit 和 o-logit 模型进行稳健性检验。

（二）解释变量

国外对“闲暇—幸福感”的研究起步较早，对闲暇指标的设定也有较为充分的积累，其中不乏在“闲暇”的基础上对“休闲”进行更深层次划分的探索。彼尔德等（Beard et al.，1980）从休闲参与方式与休闲时间两个维度观测休闲；海因兹曼等（Heintzman et al.，2003）在设置有关的观测变量时，将变量划分为休闲空间、休闲时间、休闲参与方式三个维度。国内学者基于实际调查情况制定了一系列休闲观测维度与指标，这些维度通常包含工作时间、业余生活方式（程名望 等，2012；石智雷 等，2015）；王心蕊等（2019）通过李克特七点量表法，从休闲空间、休闲时间、休闲参与及休闲满意度 4 个维度观测城市居民的休闲状况，进而探讨城市居民休闲与主观幸福感的关系。

受研究主题的约束，目前学术界对闲暇抑或休闲的分类方法并没有形成统一的结论。帕斯莫尔和弗伦奇（Passmore & French，2001）将闲暇活动分为成就型、社交型与纯耗时型活动；许玲丽等（2017）借助上述分类方式探讨了休闲活动与人们主观幸福感的关系。本节在帕斯莫尔和弗伦奇（Passmore & French，2001）、许玲丽等（2017）的研究基础上进一步划分闲暇活动，即闲暇活动由家务活动、成就型活动、社交型活动与纯耗时型活动构成。农民工从事家务活动的代理变量分别由“做饭的频率”“洗衣服的频率”和“做清洁的频率”3 个变量组成，并经过标准化后形成 3 个取值范围为［0，1］的连续变量，其数值越大代表农民工从事该活动的频率越高，相应地说明农民工从事该活动所消耗的时间越长。农民工成就型活动的频率由该群体在闲暇中学习的频率来反映；农民工社交型活动的频率由该群体社交/串门的频率来反映；农民工纯耗时型活动的频率由农民工休息放松的频率来反映。为了保证各变量间具有可比性，上述 3 个变量通过了标准化处理。考虑到以上变量可能与主观幸福感存在非线性关系，本节将从事家务活动的代理变量及其他变量标准化后数值的平方项纳入基准模型中。

（三）控制变量

本节参照第五章第一节的方法，将农民工个体特征作为控制变量纳入回归方程中。考虑到年龄对主观幸福感的影响可能呈现“U”形轨迹，本节将农民工的性别、年龄、年龄的平方除以100、受教育程度、婚姻状况作为控制变量。对农民工受教育程度“小学及以下”赋值为1，“初中”赋值为2，“高中及中专”赋值为3，“大专、大学及以上学历”赋值为4。此外，本节还将农民工就业质量维度、社会认知维度所含各变量作为回归模型的控制变量，以缓解因遗漏变量带来的内生性问题。农民工闲暇活动对农民工主观幸福感影响的变量选取及定义见表5-12所示。

表5-12　农民工闲暇活动对农民工主观幸福感影响的变量选取及定义

变量类型	变量维度	变量名称	变量定义
核心自变量	闲暇活动	做饭的频率	标准化处理后形成取值范围为［0，1］的连续变量，0为频率最低，1为频率最高
		洗衣服的频率	
		做清洁的频率	
		社交/串门的频率	
		休息放松的频率	
		学习的频率	
		做饭的频率的平方	各指标标准化处理后数值的平方
		洗衣服的频率的平方	
		做清洁的频率的平方	
		社交/串门的频率的平方	
		休息放松的频率的平方	
		学习的频率的平方	
控制变量	工作回报	工作收入对数	上一年工作收入的对数
	工作强度	工作时长	周工作小时数
		工作时长的平方/100	工作时长的平方/100
	工作保障	是否参加基本医疗保险	是=1；否=0
		是否参加基本养老保险	是=1；否=0
		是否签订劳动合同	是=1；否=0

表5-12(续)

变量类型	变量维度	变量名称	变量定义
控制变量	工作自主性	自主决定工作的程度	1=完成不能自主；2=在很少程度上自主；3=能在一定程度上自主；4=完全自主决定
	工作类型	是否为国有部门	是=1；否=0
	个体因素	性别	男=1；女=0
		年龄	真实值
		年龄的平方/100	年龄的平方/100
		受教育程度	小学及以下=1；初中=2；高中及中专=3；大专、大学及以上=4
		婚姻状况	已婚=1；未婚=0
	社会认知	主观社会阶层	取值1~10，“1”为最底层；“10”为最顶层
		社会公平感	1=非常不公平；2=比较不公平；3=一般；4=比较公平；5=非常公平
		社会信任	1=完全不可信；2=比较不可信；3=一般；4=比较可信；5=非常可信

三、休闲相关自变量的描述性统计

表5-13为农民工闲暇活动相关变量的描述性统计结果，该结果反映了核心自变量的平均值、标准差、最小值与最大值。农民工个体特征维度、社会认知维度与就业质量维度相关变量已在表5-2展示，因此控制变量不在表5-13重复赘述。表5-13中，农民工做饭的频率、洗衣服的频率与做清洁的频率均值与标准差较为一致，在一定程度上说明各农民工在上述3项活动的时间消耗差异较小。农民工社交/串门的频率、休息放松的频率与学习的频率均值分别为0.467、0.554与0.267，标准差分别为0.306、0.211与0.252，农民工在闲暇活动中休息放松的频率最高、学习的频率最低。按照本节实证分析的设定，频率越高的活动意味着该活动消耗的时间越多。因此，农民工在纯耗时型活动中消耗时间最多，在成就型活动中消耗时间最少。

表 5-13　农民工闲暇活动相关变量的描述性统计结果

变量名称	平均值	标准差	最小值	最大值
做饭的频率	0.716	0.332	0	1
洗衣服的频率	0.702	0.337	0	1
做清洁的频率	0.716	0.303	0	1
社交/串门的频率	0.467	0.306	0	1
休息放松的频率	0.554	0.211	0	1
学习的频率	0.267	0.252	0	1
做饭的频率平方	0.623	0.378	0	1
洗衣服的频率平方	0.606	0.364	0	1
做清洁的频率平方	0.605	0.349	0	1
社交/串门的频率平方	0.312	0.351	0	1
休息放松的频率平方	0.351	0.229	0	1
学习的频率平方	0.135	0.186	0	1

四、农民工闲暇活动对主观幸福感影响的实证结果

（一）农民工闲暇活动对主观幸福感的主效应分析

表 5-14 反映了农民工闲暇活动对主观幸福感的 OLS 模型回归结果。为了提高模型的稳健性，本节采取了逐步回归的方式，得到模型 1~模型 5。其中，模型 1~模型 4 逐步把农民工家务活动、社交型活动、纯耗时型活动及成就型活动 4 个维度的核心解释变量纳入回归模型，模型 5 则在模型 4 的基础上，将 4 个维度的核心解释变量的平方项纳入回归模型。

表 5-14 的回归结果显示，农民工做饭的频率与主观幸福感负相关，但未能在 10%的统计水平上显著；农民工做饭频率的平方项在 10%的统计水平上对主观幸福感具有显著作用，且作用方向为正，说明农民工做饭所消耗的时间与主观幸福感呈 U 形关系。在模型 1~模型 4 中，农民工洗衣服的频率与主观幸福感负相关但不显著，在模型 5 中，该变量对主观幸福感的影响在 10%的统计水平上显著，且农民工洗衣服频率的平方项对主观幸福感在 5%的统计水平上显著，说明农民工清洁所消耗的时间与主观幸福感呈 U 形关系。在模型 1~模型 5 中，农民工做清洁的频率对主观幸福感有正向影响，其平方项对主观幸福感有负向影响，该结果表明，农民工做清洁所消耗的时间与主观幸福感呈倒

U形关系。

从个体特征维度看，性别对农民工主观幸福感没有显著的影响；农民工的年龄及年龄的平方/100对主观幸福感具有显著的影响：农民工年龄与主观幸福感显著负相关，年龄的平方/100与主观幸福感显著正相关。上述结果说明，农民工的年龄与主观幸福感呈现U形关系，即农民工年龄存在“拐点”，在“拐点”处农民工的主观幸福感将处于最低水平，离“拐点”处较远（年龄较小或者年龄较大）的农民工主观幸福感水平较高。相比于受教育程度为小学及以下的农民工，接受过更高教育的农民工拥有更高的主观幸福感。上述有关控制变量的回归结果与本章第一节的回归结果基本一致。从婚姻状况来看，已婚农民工相比未婚农民工具有更高的主观幸福感水平。各回归模型中，农民工社交/串门的频率与学习的频率均未能显著影响主观幸福感，但休息放松的频率对主观幸福感具有正向作用，且在1%的统计水平上显著，上述3个变量的平方项均不显著影响主观幸福感。农民工在城市生活时社会关系原子化、互联网对农民工社会交往具有跨地区作用等可能是造成上述结果的原因。

从社会认知维度看，农民工主观社会阶层、社会公平感与社会信任均与主观幸福感显著正相关。这说明主观社会阶层越高、拥有更高社会公平感水平、认为人与人之间互信程度更高的农民工，具有更高的主观幸福感水平。该结果与表5-3的研究结果一致。

表5-14　农民工闲暇活动对主观幸福感的OLS模型回归结果

变量名称	模型1	模型2	模型3	模型4	模型5
做饭的频率	-0.005 (0.009)	-0.006 (0.009)	-0.005 (0.009)	-0.005 (0.009)	-0.006 (0.009)
洗衣服的频率	-0.014 (0.011)	-0.013 (0.010)	-0.017 (0.011)	-0.017 (0.011)	-0.017* (0.010)
做清洁的频率	0.026** (0.012)	0.027** (0.012)	0.028** (0.012)	0.028** (0.012)	0.030** (0.012)
社交/串门的频率		0.014* (0.008)	0.015 (0.008)	0.014 (0.008)	0.013 (0.008)
休息放松的频率			0.056*** (0.011)	0.056*** (0.011)	0.056*** (0.011)
学习的频率				0.006 (0.010)	0.013 (0.010)

表5-14(续)

变量名称	模型 1	模型 2	模型 3	模型 4	模型 5
做饭频率的平方					0.049* (0.028)
洗衣服频率的平方					0.068** (0.030)
做清洁频率的平方					-0.064** (0.032)
社交/串门频率的平方					-0.007 (0.024)
休息放松频率的平方					0.037 (0.040)
学习频率的平方					0.012 (0.034)
性别	0.003 (0.006)	0.004 (0.006)	0.002 (0.006)	0.002 (0.006)	0.004 (0.006)
年龄	-0.004** (0.002)	-0.004** (0.002)	-0.003** (0.002)	-0.003* (0.002)	-0.004** (0.002)
年龄的平方/100	0.005** (0.002)	0.005** (0.002)	0.004* (0.002)	0.004* (0.002)	0.004* (0.002)
受教育程度					
初中	0.030*** (0.007)	0.030*** (0.007)	0.029*** (0.007)	0.029*** (0.007)	0.030*** (0.007)
高中及中专	0.036*** (0.008)	0.036*** (0.008)	0.034*** (0.008)	0.034*** (0.008)	0.036*** (0.008)
大专、大学及以上	0.041*** (0.009)	0.042*** (0.009)	0.040*** (0.009)	0.038*** (0.009)	0.040*** (0.009)
婚姻状况	0.021*** (0.007)	0.021*** (0.007)	0.019*** (0.007)	0.019*** (0.007)	0.020*** (0.007)
工作收入对数	0.010*** (0.003)	0.010*** (0.003)	0.009*** (0.003)	0.009*** (0.003)	0.009*** (0.003)
工作时长	0.010*** (0.002)	0.010*** (0.002)	0.010*** (0.002)	0.010*** (0.002)	0.010*** (0.002)
工作时长的平方/100	-0.011*** (0.002)	-0.010*** (0.002)	-0.011*** (0.002)	-0.010*** (0.002)	-0.012*** (0.002)

表5-14(续)

变量名称	模型 1	模型 2	模型 3	模型 4	模型 5
自主决定工作的程度	0.007** (0.003)	0.007** (0.003)	0.006** (0.003)	0.006** (0.003)	0.006** (0.003)
是否参加基本医疗保险	0.012** (0.006)	0.012** (0.006)	0.013** (0.006)	0.012 (0.009)	0.012** (0.006)
是否参加基本养老保险	0.013** (0.006)	0.013** (0.006)	0.012** (0.006)	0.013** (0.006)	0.013** (0.006)
是否签订劳动合同	0.007 (0.005)	0.007 (0.005)	0.008* (0.005)	0.007 (0.005)	0.007* (0.004)
是否为国有部门	0.018*** (0.007)	0.018*** (0.007)	0.017** (0.007)	0.016** (0.005)	0.016** (0.007)
主观社会阶层	0.031*** (0.003)	0.030*** (0.003)	0.030*** (0.003)	0.030*** (0.003)	0.030*** (0.003)
社会公平感	0.013*** (0.002)	0.013*** (0.002)	0.012*** (0.002)	0.012*** (0.002)	0.012*** (0.002)
社会信任	0.009*** (0.002)	0.009*** (0.002)	0.009*** (0.002)	0.009*** (0.002)	0.009*** (0.002)

注：***、** 和 * 分别表示在 1%、5%和 10%的统计水平上显著；所有分类变量以最小值为参照；括号内数值为稳健标准误。

（二）农民工闲暇活动对主观幸福感影响的异质性分析

1. 不同性别的农民工闲暇活动对主观幸福感的影响

表 5-15 为不同性别的农民工闲暇活动对主观幸福感影响的回归结果。模型 6 中的样本为女性农民工，模型 7 中的样本为男性农民工。从整体来看，控制个体因素、就业质量及社会认知 3 个维度的变量后，显著影响男女性农民工主观幸福感的闲暇活动变量种类有较大差别，各闲暇活动频率对男女性农民工主观幸福感的作用方向与显著性亦存在较大差异。无论对男性农民工还是女性农民工，闲暇活动的频率与他们的主观幸福感通常存在 U 形或者倒 U 形关系。在模型 6（女性农民工）中，除了社交/串门的频率及其平方项对女性农民工主观幸福感不存在显著影响外，其他闲暇活动频率及其平方项对女性农民工主观幸福感均具有显著作用，且多数变量在 5%或 1%的统计水平上显著。在模型 7（男性农民工）中，做清洁、社交/串门以及休息放松这 3 种闲暇活动的频率及其平方项对男性农民工主观幸福感具有显著作用，其他闲暇活动的频率及其平方项对男性农民工主观幸福感的影响均未能在 10%的统计水平上

显著。该回归结果表明，相比于男性农民工，女性农民工的主观幸福感更容易受到闲暇活动的时间消耗影响，且闲暇活动主要从家务活动、成就型活动与纯耗时型活动 3 个维度对女性农民工主观幸福感形成影响。闲暇活动的时间消耗对男性农民工主观幸福感的影响较为有限，闲暇活动主要从家务活动、社交型活动与纯耗时型活动 3 个维度对男性农民工主观幸福感形成影响，并且家务活动维度中只有做清洁这一活动与男性农民工主观幸福感密切相关。

表 5-15　不同性别的农民工闲暇活动对主观幸福感影响的回归结果

变量名称	模型 6（女性农民工）		模型 7（男性农民工）	
	系数	标准误	系数	标准误
做饭的频率	-0. 199***	0. 072	0. 008	0. 038
洗衣服的频率	-0. 318***	0. 119	0. 021	0. 037
做清洁的频率	0. 340***	0. 123	0. 055**	0. 026
社交/串门的频率	0. 067	0. 046	0. 050*	0. 028
休息放松的频率	0. 163**	0. 074	0. 051**	0. 023
学习的频率	-0. 107**	0. 050	0. 044	0. 032
做饭频率的平方	0. 180***	0. 060	-0. 019	0. 036
洗衣服频率的平方	0. 250***	0. 085	-0. 009	0. 038
做清洁频率的平方	-0. 268***	0. 087	-0. 010*	0. 006
社交/串门频率的平方	-0. 012	0. 040	-0. 048*	0. 024
休息放松频率的平方	-0. 122*	0. 069	0. 029**	0. 013
学习频率的平方	0. 212***	0. 069	-0. 035	0. 040
个体因素	已控制	已控制		
就业质量	已控制	已控制		
社会认知	已控制	已控制		

注：***、** 和 * 分别表示在 1%、5% 和 10% 的统计水平上显著；所有分类变量以最小值为参照。

2. 不同婚姻状况的农民工闲暇活动对主观幸福感的影响

表 5-16 为不同婚姻状况的农民工闲暇活动对主观幸福感影响的回归结果。模型 8 中的样本为未婚农民工，模型 9 中的样本为已婚农民工。总体来看，相比于已婚农民工，未婚农民工主观幸福感受更广维度闲暇活动的显著影响，家

务活动、成就型活动与纯耗时型活动均显著影响未婚农民工主观幸福感；未婚农民工主观幸福感受家务活动、社交型活动显著影响。家务活动方面，做清洁的频率及其平方项对已婚农民工主观幸福感均有显著影响，其中平方项系数为负数，一次项系数为正数，说明做清洁的频率与已婚农民工主观幸福感呈倒U形关系；做清洁的频率仅有一次项与未婚农民工主观幸福感显著相关且系数为正数，说明随着做清洁的频率增加，未婚农民工主观幸福感水平获得相应提升。社交型活动方面，社交/串门的频率及其平方项对未婚农民工主观幸福感作用均为正向，但未能在10%的统计水平上显著；该变量的一次项对已婚农民工主观幸福感具有显著正向作用，平方项对已婚农民工主观幸福感具有显著负向作用，说明社交/串门的频率与已婚农民工主观幸福感呈倒U形关系。纯耗时型活动方面，休息放松的频率及其平方项对未婚农民工主观幸福感具有显著作用，且一次项作用方向为正，平方项作用方向为负，说明休息放松的频率与未婚农民工主观幸福感呈倒U形关系。休息放松的频率一次项对已婚农民工主观幸福感作用方向为正，但未能在10%的统计水平上显著；上述变量的平方项对已婚农民工主观幸福感具有显著正向作用，说明随着休息放松的频率提升，已婚农民工主观幸福感水平将大幅提升。成就型活动方面，学习的频率仅与未婚农民工主观幸福感在10%的统计水平上线性相关，即在闲暇活动中，学习能够提升未婚农民工的主观幸福感水平。

结合上述结果可以发现，相比于未婚农民工，已婚农民工的闲暇活动与主观幸福感更多地呈现U形或者倒U形轨迹，即对于做饭、洗衣服这两种具有明显刚性的闲暇活动，投入极少或极多的时间反而能带来更高的主观幸福感水平；但对于做清洁、社交/串门等时间弹性较大的活动，投入极少或极多的时间都会损耗已婚农民工的主观幸福感。这说明家庭内部分工对主观幸福感水平具有重要作用，但过度的家庭内部分工可能会损耗个体的主观幸福感。未婚农民工受家庭内部分工的影响比较微弱，他们能够更自主地配置闲暇活动所消耗的时间，因此适当的休息时间以及增加学习的时间来提升人力资本将带来更高水平的主观幸福感。

表5-16 不同婚姻状况的农民工闲暇活动对主观幸福感影响的回归结果

变量名称	模型8（未婚农民工）		模型9（已婚农民工）	
	系数	标准误	系数	标准误
做饭的频率	-0.010	0.007	-0.080**	0.037
洗衣服的频率	-0.054	0.073	-0.051	0.036

表5-16(续)

变量名称	模型 8（未婚农民工）		模型 9（已婚农民工）	
	系数	标准误	系数	标准误
做清洁的频率	0.216**	0.094	0.068*	0.040
社交/串门的频率	0.157	0.093	0.099***	0.030
休息放松的频率	0.677***	0.133	0.020	0.048
学习的频率	0.133*	0.075	-0.024	0.028
做饭频率的平方	-0.009	0.007	0.078**	0.033
洗衣服频率的平方	0.073	0.055	0.080	0.085
做清洁频率的平方	-0.100	0.081	-0.042**	0.020
社交/串门频率的平方	0.117	0.075	-0.063**	0.027
休息放松频率的平方	-0.498***	0.126	0.051**	0.023
学习频率的平方	-0.083	0.094	0.048	0.037
个体因素	已控制		已控制	
就业质量	已控制		已控制	
社会认知	已控制		已控制	

注：***、** 和 * 分别表示在 1%、5%和 10%的统计水平上显著；所有分类变量以最小值为参照。

3. 不同代际的农民工闲暇活动对主观幸福感的影响

表 5-17 为不同代际的农民工闲暇活动对主观幸福感影响的回归结果。模型 10 中的样本为老农民工，模型 11 中的样本为新农民工。总体来看，社交型活动与纯耗时型活动显著影响老农民工主观幸福感；新农民工主观幸福感则受家务活动、社交型活动与纯耗时型活动显著影响。家务活动方面，新农民工主观幸福感受到做清洁的频率及其平方项的显著影响，其中做清洁的频率一次项系数为正数，平方项系数为负数，即做清洁的频率与新农民工主观幸福感呈倒 U 形关系，上述解释变量对老农民工主观幸福感也呈现倒 U 形关系，但未能在 10%的统计水平上显著相关。社交型活动方面，社交/串门的频率一次项对老农民工主观幸福感作用系数为正数，平方项系数为负数，且均在 1%的统计水平上显著，说明社交/串门的频率与老农民工主观幸福感呈倒 U 形关系；但模型 11 的回归结果指出，社交/串门的频率与新农民工主观幸福感呈正 U 形关系。造成该结果的原因之一可能是过多的社交/串门会使老农民工疲于应对社会交往，而过少的社交/串门则会使老农民工产生孤独感，降低主观幸福感水平；新农民工的社交偏好、社

交习惯与老农民工有所差异，因此社交/串门的频率与主观幸福感的相关程度亦有所不同。纯耗时型活动方面，无论老农民工还是新农民工，他们的主观幸福感均受到休息放松频率的一次项正向影响以及平方项负向影响，即休息放松的频率与新老农民工主观幸福感呈倒 U 形关系。从明瑟的时间配置二分法视角来看，过多的休息时间意味着工作时间的缩减，这通常是农民工工作不稳定、收入过低的表现，即休息时间过长是由农民工濒临失业或低质量就业造成的，此时农民工的主观幸福感水平较低；过少的休息时间通常意味着农民工工作时间过长，这会导致农民工身心健康受损、降低工作效率，从而使其主观幸福感水平较低。成就型活动方面，学习频率一次项与平方项对新老农民工主观幸福感影响方向均为正向，但未能在 10%的统计水平上显著。

表 5-17　不同代际农民工闲暇活动对主观幸福感影响的回归结果

变量名称	模型 10（老农民工）		模型 11（新农民工）	
	系数	标准误	系数	标准误
做饭的频率	-0.049	0.048	-0.044	0.046
洗衣服的频率	-0.057	0.044	-0.058	0.051
做清洁的频率	0.066	0.049	0.124**	0.059
社交/串门的频率	0.136***	0.037	-0.072*	0.043
休息放松的频率	0.169***	0.057	0.152*	0.079
学习的频率	0.002	0.036	0.020	0.043
做饭频率的平方	0.037	0.043	0.037	0.042
洗衣服频率的平方	0.050	0.043	0.026	0.047
做清洁频率的平方	-0.037	0.045	-0.089*	0.051
社交/串门频率的平方	-0.107***	0.038	0.072*	0.037
休息放松频率的平方	-0.085*	0.049	-0.166**	0.069
学习频率的平方	0.021	0.047	0.028	0.054
个体因素	已控制		已控制	
就业质量	已控制		已控制	
社会认知	已控制		已控制	

注：***、** 和 * 分别表示在 1%、5%和 10%的统计水平上显著；所有分类变量以最小值为参照。

（三）农民工闲暇活动对主观幸福感影响的稳健性检验

1. 替换基准模型

表 5-18 为农民工闲暇活动对主观幸福感影响的稳健性检验结果（1）。其中，模型 12 为 o-logit 模型，模型 13 为 o-probit 模型。使用上述两个模型的前提是因变量为多元有序变量，本节参照第四章及第五章第一节的方法，将农民工主观幸福感的取值区间均分为 5 个区间，且各区间从低到高依次对应评价"非常不幸福""比较不幸福""一般""比较幸福"与"非常幸福"。回归结果显示，模型 5、模型 12 与模型 13 各变量的系数方向、显著性基本一致，说明从整体上看，OLS 模型是稳健的。

表 5-18　农民工闲暇活动对主观幸福感影响的稳健性检验（1）

变量名称	模型 12（o-logit）		模型 13（o-probit）	
	系数	标准误	系数	标准误
做饭的频率	-0.736	0.641	-0.258	0.354
洗衣服的频率	-0.970	0.062	-0.668*	0.353
做清洁的频率	0.692**	0.345	0.884**	0.391
社交/串门的频率	0.261	0.546	0.396	0.302
休息放松的频率	0.732**	0.352	0.413**	0.187
学习的频率	0.122	0.509	-0.017	0.290
做饭频率的平方	0.571	0.585	0.167	0.325
洗衣服频率的平方	0.645	0.591	0.457	0.333
做清洁频率的平方	-0.866***	0.317	-0.519***	0.153
社交/串门频率的平方	-0.436	0.472	-0.280	0.263
休息放松频率的平方	0.816**	0.405	0.924**	0.446
学习频率的平方	0.298	0.656	0.148	0.376

注：***、** 和 * 分别表示在 1%、5% 和 10% 的统计水平上显著；所有分类变量以最小值为参照；有关变量在模型中已得到控制，表中不再显示相关统计结果。

2. 替换被解释变量

表 5-19 为农民工闲暇活动对主观幸福感回归模型的稳健性检验结果（2）。在模型 5 的基础上，本节使用 CGSS 数据中以自陈量表方式测得的农民工主观幸福感水平作为被解释变量，替换原模型中的被解释变量。新的被解释变量为有序变量，从低到高依次对应评价"非常不幸福""比较不幸福""一般""比

较幸福”与“非常幸福”。回归结果显示，模型 5、模型 14 与模型 15 各变量的系数方向、显著性基本一致，说明基准模型（模型 5）是稳健的。

表 5-19 农民工闲暇活动对主观幸福感的稳健性检验结果（2）

变量名称	模型 14（o-logit）		模型 15（o-probit）	
	系数	标准误	系数	标准误
做饭的频率	-0.244	0.604	-0.146	0.338
洗衣服的频率	-0.882	0.611	-0.717	0.560
做清洁的频率	0.601**	0.275	0.564*	0.311
社交/串门的频率	0.710	0.519	0.425*	0.252
休息放松的频率	0.312*	0.172	0.472**	0.219
学习的频率	0.116	0.498	0.049	0.277
做饭频率的平方	0.083	0.554	0.040	0.309
洗衣服频率的平方	0.733***	0.278	0.614***	0.236
做清洁频率的平方	-0.574***	0.206	-0.801**	0.337
社交/串门频率的平方	-0.958	0.552	-0.425	0.352
休息放松频率的平方	0.884**	0.417	0.864**	0.427
学习频率的平方	0.913	0.654	0.514	0.359

注：***、** 和 * 分别表示在 1%、5%和 10%的统计水平上显著；所有分类变量以最小值为参照；有关变量在模型中已得到控制，表中不再显示相关统计结果。

第三节 本章小结

本章基于就业—闲暇理论，将农民工主观幸福感的影响因素分为就业与闲暇两部分，并在上述划分结果基础上，利用时间配置模型中时间三分法进一步划分闲暇活动时间的种类。本章运用 OLS 模型分别探讨就业质量与闲暇活动对农民工主观幸福感的影响，估计了各影响因素的边际效应；基于农民工个体特征，按照农民工性别、婚姻状况、代际特征分别展开农民工主观幸福感客观影响因素的异质性分析；为了提高主效应回归结果的可靠性，本章使用替换基准模型、替换被解释变量的方式运用 o-logit 模型与 o-probit 模型检验主效应的稳健性。

就业质量方面，本章从工作回报等5个维度反映就业质量，并通过回归模型发现，提高农民工总收入与工作自主性、合理缩减工作时间、提供基本保险能够显著有效地提高农民工的主观幸福感。总体来看，农民工的工作收入与主观幸福感存在显著正向的因果关系；将农民工样本按收入水平分组后，总收入与农民工主观幸福感呈现边际效应递减，但农民工主观幸福感水平随着收入提高而持续提升，说明当前农民工群体暂不存在“幸福悖论”。异质性分析结果显示，相比于女性农民工，就业质量的维度对男性农民工主观幸福感影响更广，且个人总收入、工作时间及其平方、签订劳动合同对男性农民工主观幸福感的边际效用更大；相比于男性农民工，参加基本医疗保险与基本养老保险更能提升女性农民工主观幸福感；相比于未婚农民工，就业质量的维度对已婚农民工主观幸福感影响更广，且参加基本医疗保险和基本养老保险更能提高已婚农民工的主观幸福感；相比于新农民工，就业质量的维度对老农民工主观幸福感影响更广，但相比于老农民工，合理安排工作时间、参加基本医疗保险和基本养老保险更能提高新农民工的主观幸福感。

闲暇活动方面，本章在帕斯莫尔和弗伦奇（Passmore & French，2001）、许玲丽等（2017）的研究基础上将闲暇活动细分为家务活动、成就型活动、社交型活动与纯耗时型活动。考虑到各闲暇活动可能与农民工主观幸福感存在非线性关系，本章将各活动频率标准化后的平方项纳入回归模型。在总样本中，各闲暇活动频率通常与农民工主观幸福感呈正U形或倒U形关系，且各闲暇活动频率对农民工主观幸福感的影响存在较明显的异质性。不同的家务活动频率对农民工主观幸福感的作用程度有较大差异：做饭、洗衣服的频率与农民工主观幸福感呈正U形关系，而做清洁的频率与农民工主观幸福感呈倒U形关系，农民工家庭内部分工可能是形成上述结果的原因。社交型活动、成就型活动对农民工主观幸福感不存在显著影响，但纯耗时型活动显著正向影响农民工主观幸福感。女性农民工主观幸福感受闲暇活动影响的维度更广，各家务活动的频率对女性农民工主观幸福感均具有显著作用，纯耗时型活动对女性农民工主观幸福感的边际作用更大。纯耗时型活动、成就型活动对未婚农民工主观幸福感作用更显著，且边际作用更大，已婚农民工主观幸福感更容易受家务活动和社交型活动的影响。闲暇活动对新老农民工主观幸福感影响的维度差异较小，但边际作用具有较大的差别，多数闲暇活动频率的一次项和平方项对老农民工主观幸福感边际作用更大。

第六章　农民工时间配置对主观幸福感作用机制的实证分析

本章基于第二章相关理论分析与第四章实证分析结果，通过构建相关计量模型，实证检验农民工主观幸福感影响因素的作用机制，并展开相关讨论，比较同一机制在不同类型农民工群体中的作用。本章第一节主要探讨农民工的工作时长对主观幸福感的作用机制，第二节则讨论家务时间与休闲时间对农民工主观幸福感的作用机制。

第一节　农民工工作时长对主观幸福感作用机制的实证分析

一、模型构建

前文指出，关于工作时长对个体收入效应与替代效应的检验，即已有研究通过构建两类计量模型进行机制检验：第一类是“工作时长—工作收入—个体福祉”的中介效应模型（胡军辉，2015）；第二类是构建工作时长或相关变量与工作收入的交互项，进而考察该交互项对个体福祉影响的交互效应模型或调节效应模型（刘健 等，2015；谢东虹，2016）。由于个体的工作时长与工作收入具有较强的内生性，选择第二类模型（交互效应或调节效应模型）相比于第一类模型（中介效应模型）更为合理。

本节尝试基于时间配置理论视角，通过构建计量模型检验工作时长对农民工主观幸福感收入效应与替代效应的净效应。被解释变量为本书第三章所确定的农民工主观幸福感测度结果。该计量模型在第五章公式（5-1）的基础上加入农民工的工作时长与工作收入交互项，具体表达式如下：

$$y_n = e_0 + \beta_1 \times T_1 \times I + \sum c_i X_i + \sigma_i \qquad (6-1)$$

式（6-1）中，y_n 为样本中第 n 个农民工的主观幸福感水平；β_1 为农民工工作时长与工作收入交互项的系数，T_1 为农民工的工作时长，I 为农民工的工作收入；X_i 为影响农民工主观幸福感的变量向量组，包含一系列核心解释变量与控制变量；e_0 与 c_i 为待估参数；σ_i 为随机扰动项。式（6-1）中的核心自变量由两部分组成：一部分是农民工就业质量除工作时长、工作收入以外的子变量；另一部分是各类农民工闲暇活动时间的代理变量，控制变量由农民工个体因素与社会认知共两组变量构成。

二、变量选取

（一）被解释变量

前文通过 10 个指标测度了农民工主观幸福感，且其测度结果是一个取值区间为［0，1］的数值，属于连续变量。本章第一节把该连续变量作为计量模型的被解释变量，考察农民工的工作时长对主观幸福感收入效应与替代效应的净效应。

（二）解释变量

本节考察的核心解释变量为农民工的工作时长与工作收入交互项。为了使变量“工作时长”的数值更平滑，本节将农民工的工作时长取自然对数，因此计量模型中纳入的交互项所含变量，均已取自然对数①。前文的回归结果表明，农民工的工作时长与主观幸福感呈倒 U 形关系，这说明农民工的工作收入对工作时长平方项与主观幸福感也有可能存在调节效应，因此还应将农民工的工作时长平方项与工作收入交互项纳入回归模型。

（三）控制变量

模型的控制变量由两部分组成，第一部分是农民工的个体因素，包括农民工的性别、年龄、年龄的平方除以 100、受教育程度、婚姻状况。将农民工受教育程度“小学及以下”赋值为 1，“初中”赋值为 2，“高中及中专”赋值为 3，“大专、大学及以上学历”赋值为 4。第二部分为农民工社会认知，包含农民工“主观社会阶层”“社会公平感”及“社会信任”3 种变量。变量定义详见第五章表 5-1。

三、农民工工作时长对主观幸福感作用机制的实证结果

（一）农民工的工作收入对工作时长与主观幸福感的调节效应

表 6-1 为农民工工作收入对工作时长与主观幸福感调节效应的回归结果。

① 为了确保数值符号的一致性，变量“工作时长”的对数表达式为 ln（1+工作时长）。

模型 1～模型 3 采用 OLS 模型，分别以取自然对数后的工作时长×工作收入、工作时长平方×工作收入为核心解释变量，得出估计结果。模型 1～模型 3 中，农民工的工作时长对数及其平方项均对主观幸福感有显著影响，其中，工作时长对数的系数为正数，工作时长对数平方的系数为负数。相比模型 1、模型 2，模型 3 中两个交互项系数的符号与显著性均未发生明显变化，因此我们可以认为交互项回归结果是稳健的①。

模型 1 的回归结果显示，工作收入对工作时长交互项为负数，结合模型中工作时长对数及其平方项的系数可推导出工作收入的增加会使农民工的工作时长与主观幸福感倒 U 形曲线向坐标系左侧移动；模型 3 的回归结果则进一步反映出，随着收入的增加，农民工的工作时长与主观幸福感倒 U 形曲线不但向坐标系左侧移动，而且“开口”变小。上述回归结果均说明：工作收入的增加会使农民工的工作时长提前到达“拐点”；对于工作时长未超过“拐点”的农民工而言，提高收入能够减小工作时长对主观幸福感的正向作用；对于工作时长超过“拐点”的农民工而言，工作收入的增加减小了工作时长对主观幸福感的负向作用。工作时长对主观幸福感收入效应与替代效应的净效应表现如下：提高工作收入将对工作时长较短的农民工产生激励，但该激励小于低收入农民工，此时工作时长对农民工主观幸福感的净效应为替代效应；同时，提高工作收入会使工作时长“拐点”提前到来，超时工作的农民工会因为更多的收入而选择减少劳动供给，即更倾向于减少工作时长，此时工作时长对农民工主观幸福感的净效应为收入效应②。

表 6-1　农民工工作收入对工作时长与主观幸福感调节效应的回归结果

变量名称	模型 1	模型 2	模型 3
工作时长×工作收入	-0.008 2*** (0.002 6)		-0.026 1*** (0.009 4)
工作时长平方×工作收入		0.001 6*** (0.000 7)	0.004 0** (0.002 0)
就业质量	已控制	已控制	已控制
闲暇活动	已控制	已控制	已控制
个体因素	已控制	已控制	已控制

① 取对数后，工作时长及其平方项对主观幸福感具有显著影响但系数较小，因此不在回归结果中展示。

② 上述分析所提及的图像是以横轴为工作时长、纵轴为主观幸福感水平、开口向下的抛物线。

表6-1(续)

变量名称	模型 1	模型 2	模型 3
社会认知	已控制	已控制	已控制

注：***、** 和 * 分别表示在 1%、5%和 10%的统计水平上显著；表中“工作时长”“工作时长平方”和“工作收入”取自然对数处理；所有分类变量以最小值为参照；括号内数值为标准误。

（二）农民工的工作收入对工作时长与主观幸福感调节效应的异质性

1. 不同性别的农民工工作收入对工作时长与主观幸福感的调节效应

表 6-2 为男性农民工的工作收入对工作时长与主观幸福感调节效应的回归结果，表 6-3 为女性农民工的工作收入对工作时长与主观幸福感调节效应的回归结果。工作时长×工作收入、工作时长平方×工作收入的回归结果分别对应模型 4（模型 7）、模型 5（模型 8），上述交互项同时纳入模型的回归结果在模型 6（模型 9）中显示。

模型 4~模型 6 中，男性农民工的工作时长、工作时长平方项的系数分别为负数与正数，与第四章的回归结果基本一致。模型 4~模型 6 中的交互项均对男性农民工主观幸福感具有显著影响。结合各交互项系数的作用方向，回归结果说明：工作收入对男性农民工的工作时长（包括工作时长平方项）与主观幸福感具有调节作用，即提高收入会使“拐点”提前到来，并且使工作时长—主观幸福感倒 U 形曲线“开口”变小；对于未超时工作（未超过“拐点”）的男性农民工而言，提高工作收入减小了工作时长对主观幸福感的边际作用，从另一视角看，即提高工作收入减少了未充分就业的男性农民工的幸福损失，此时工作时长对男性农民工主观幸福感的净效应为替代效应；对于超时工作（超过“拐点”）的男性农民工而言，增加工作收入能够缓解超时工作对主观幸福感的负向影响，但男性农民工仍将倾向于减少工作时长，即降低劳动供给，此时工作时长对男性农民工主观幸福感的净效应为收入效应。

表 6-2　男性农民工工作收入对工作时长与主观幸福感调节效应的回归结果

变量名称	模型 4	模型 5	模型 6
工作时长×工作收入	-0.007 2* (0.004 1)		-0.056 0*** (0.013 2)
工作时长平方×工作收入		0.003 6** (0.001 8)	0.010 2*** (0.002 6)
就业质量	已控制	已控制	已控制
闲暇活动	已控制	已控制	已控制

表6-2(续)

变量名称	模型 4	模型 5	模型 6
个体因素	已控制	已控制	已控制
社会认知	已控制	已控制	已控制

注：***、** 和 * 分别表示在 1%、5%和 10%的统计水平上显著；表中“工作时长”“工作时长平方”和“工作收入”取自然对数处理；所有分类变量以最小值为参照；括号内数值为标准误。

模型 7~模型 9 中，女性农民工的工作时长、工作时长平方项的系数均为负数，与第四章的回归结果基本一致。模型 7~模型 8 中的交互项系数在 1%的统计水平上显著，模型 9 中的交互项系数在 10%的统计水平上显著，模型 7~模型 9 中的交互项系数均为负数。上述回归结果说明，工作收入对女性农民工的工作时长（包括工作时长平方项）与主观幸福感具有调节作用：提高收入会使“拐点”提前到来，并且使工作时长—女性农民工主观幸福感的倒 U 形曲线“开口”变小；对于未超时工作（未超过“拐点”）的女性农民工而言，增加工作收入增大了工作时长对主观幸福感的边际效用，但此时工作时长对主观幸福感的作用方向依然为正，工作时长对女性农民工主观幸福感的净效应为替代效应；对于超时工作（超过“拐点”）的女性农民工而言，增加工作收入加剧了超时工作对主观幸福感的负向影响，女性农民工倾向于减少工作时长，即降低劳动供给，此时工作时长对女性农民工主观幸福感的净效应为收入效应。

表 6-3　女性农民工工作收入对工作时长与主观幸福感调节效应的回归结果

变量名称	模型 7	模型 8	模型 9
工作时长×工作收入	-0.0103^{***} (0.003 9)		-0.0016^{*} (0.000 9)
工作时长平方×工作收入		-0.0020^{***} (0.000 9)	-0.0007^{*} (0.000 4)
就业质量	已控制	已控制	已控制
闲暇活动	已控制	已控制	已控制
个体因素	已控制	已控制	已控制
社会认知	已控制	已控制	已控制

注：***、** 和 * 分别表示在 1%、5%和 10%的统计水平上显著；表中“工作时长”“工作时长平方”和“工作收入”取自然对数处理；所有分类变量以最小值为参照；括号内数值为标准误。

2. 不同婚姻状况的农民工工作收入对工作时长与主观幸福感的调节效应

表 6-4 为已婚农民工的工作收入对工作时长与主观幸福感调节效应的回归结果，表 6-5 为未婚农民工的工作收入对工作时长与主观幸福感调节效应的回归结果。工作时长×工作收入、工作时长平方×工作收入的回归结果分别对应模型 10（模型 13）、模型 11（模型 14），上述交互项同时纳入模型的回归结果在模型 12（模型 15）中显示。

模型 10~模型 12 中，已婚农民工的工作时长、工作时长平方项的系数均为负数，与第四章的回归结果基本一致。模型 10~模型 12 中的交互项均对已婚农民工主观幸福感具有显著影响。结合各交互项系数的作用方向，回归结果说明：工作收入对已婚农民工的工作时长（包括工作时长平方项）与主观幸福感具有调节作用，即提高收入会使“拐点”提前到来，并且使工作时长—主观幸福感倒 U 形曲线“开口”变小；对于未超时工作（未超过“拐点”）的已婚农民工而言，提高工作收入增大了工作时长对主观幸福感的边际作用，此时工作时长对已婚农民工主观幸福感的净效应为替代效应；对于超时工作（超过“拐点”）的已婚农民工而言，工作收入增大了超时工作对主观幸福感的负向影响，促使已婚农民工减少工作时长，即降低劳动供给，此时工作时长对已婚农民工主观幸福感的净效应为收入效应。

表 6-4 已婚农民工的工作收入对工作时长与主观幸福感调节效应的回归结果

变量名称	模型 10	模型 11	模型 12
工作时长×工作收入	-0.0076^{***} (0.0026)		-0.0197^{**} (0.0101)
工作时长平方×工作收入		-0.0014^{**} (0.0006)	-0.0027^{*} (0.0014)
就业质量	已控制	已控制	已控制
闲暇活动	已控制	已控制	已控制
个体因素	已控制	已控制	已控制
社会认知	已控制	已控制	已控制

注：***、** 和 * 分别表示在 1%、5%和 10%的统计水平上显著；表中“工作时长”“工作时长平方”和“工作收入”取自然对数处理；所有分类变量以最小值为参照；括号内数值为标准误。

模型 13~模型 15 中，未婚农民工的工作时长、工作时长平方项的系数分别为负数与正数，与第四章的回归结果基本一致。模型 13~模型 15 中的交互项均对未婚农民工主观幸福感具有显著影响。结合各交互项系数的作用方向，回归结果说明：工作收入对未婚农民工的工作时长（包括工作时长平方项）

与主观幸福感具有调节作用，即提高收入会使“拐点”提前到来，并且使工作时长—主观幸福感倒U形曲线“开口”变大；对于未超时工作（未超过“拐点”）的未婚农民工而言，提高工作收入减小了工作时长对主观幸福感的边际作用，从另一视角看，即提高工作收入减少了未充分就业的未婚农民工的幸福损失，此时工作时长对未婚农民工主观幸福感的净效应为替代效应；对于超时工作（超过“拐点”）的未婚农民工而言，增加工作收入降低了超时工作对主观幸福感的负向影响，但未婚农民工仍倾向于减少工作时长，即降低劳动供给，此时工作时长对未婚农民工主观幸福感的净效应为收入效应。

表6-5　未婚农民工的工作收入对工作时长与主观幸福感调节效应的回归结果

变量名称	模型13	模型14	模型15
工作时长×工作收入	-0.0238^{*} (0.0137)		-0.0116^{***} (0.0039)
工作时长平方×工作收入		0.0017^{**} (0.0008)	0.0155^{**} (0.0063)
就业质量	已控制	已控制	已控制
闲暇活动	已控制	已控制	已控制
个体因素	已控制	已控制	已控制
社会认知	已控制	已控制	已控制

注：***、**和*分别表示在1%、5%和10%的统计水平上显著；表中“工作时长”“工作时长平方”和“工作收入”取自然对数处理；所有分类变量以最小值为参照；括号内数值为标准误。

3. 不同代际的农民工工作收入对工作时长与主观幸福感的调节效应

表6-6为新农民工的工作收入对工作时长与主观幸福感调节效应的回归结果，表6-7为老农民工的工作收入对工作时长与主观幸福感调节效应的回归结果。工作时长×工作收入、工作时长平方×工作收入的回归结果分别对应模型16（模型19）、模型17（模型20），上述交互项同时纳入模型的回归结果在模型18（模型21）中显示。

模型16~模型18中，新农民工的工作时长、工作时长平方项的系数分别为负数与正数，与第四章的回归结果基本一致。结合各交互项系数的作用方向来看曲线趋势：提高收入会使“拐点”提前到来，并且使工作时长—主观幸福感倒U形曲线“开口”变大；对于未超时工作（未超过“拐点”）的新农民工而言，提高工作收入减小了工作时长对主观幸福感的边际作用，即较高的工作收入减少了未充分就业的新农民工的幸福损失，此时工作时长对新农民工主观幸福感的净效应为替代效应；较高的收入还降低了超时工作（超过“拐点”）对新农民工主观幸福感的负向影响，但新农民工仍倾向于减少工作时长，即降低劳动供给，此时工作时长对新农民工主观幸福感的净效应为收入效应。模型16~模型18中的交互项均未能在10%的统计水平上显著，因此新农民工的工作收入对工作时长与主观幸福感不具有显著的调节效应。受社会发展水平的影响，新农民工劳动供给对主观幸福感的作用更容易受到个体选择偏好而非工作收入的干预。由于本书主题的限制，个体选择偏好的相关变量并未充分纳入研究框架中，这可能是造成上述结果的原因。

表6-6　新农民工工作收入对工作时长与主观幸福感调节效应的回归结果

变量名称	模型16	模型17	模型18
工作时长×工作收入	-0.002 4 (0.004 6)		-0.005 9 (0.016 0)
工作时长平方×工作收入		0.000 6 (0.001 0)	0.001 8 (0.003 3)
就业质量	已控制	已控制	已控制
闲暇活动	已控制	已控制	已控制
个体因素	已控制	已控制	已控制
社会认知	已控制	已控制	已控制

注：***、** 和 * 分别表示在1%、5%和10%的统计水平上显著；表中“工作时长”“工作时长平方”和“工作收入”取自然对数处理；所有分类变量以最小值为参照；括号内数值为标准误。

模型19~模型21中，老农民工的工作时长、工作时长平方项的系数均为负数，与第四章的回归结果有差异。基于表6-7的统计结果，工作时长对老农民工主观幸福感有较大的负面影响，可能是因为老农民工在健康、体力方面有所不足，难以承受高强度劳动。结合各交互项系数的作用方向来看曲线趋势：提高收入会使工作时长—主观幸福感倒U形曲线向坐标系左侧移动，曲线“开口”变大；模型19~模型21的回归结果反映出曲线对称轴位于y轴左侧（$x < 0$），因此本书仅讨论曲线在y轴右侧（$x > 0$）的变动情况。

曲线在y轴右侧部分的趋势反映了老农民工处于超时工作的状态，其主观幸福感水平随着工作时长的增加而大幅下滑。提高工作收入增大了工作时长对主观幸福感的边际作用，相比于低收入的老农民工，工作时长对高收入老农民工造成的幸福损失更大，此时工作时长对老农民工主观幸福感的净效应为收入效应。造成该结果的原因可能是：工作强度对老农民工主观幸福感的负面影响远大于收入的正向影响；老农民工对工作收入的期望值较低，随着收入的增加，他们更希望通过闲暇时间获取工作收入以外的福祉。

表 6-7　老农民工的工作收入对工作时长与主观幸福感调节效应的回归结果

变量名称	模型 19	模型 20	模型 21
工作时长×工作收入	-0.0133^{***} (0.003 1)		-0.0343^{***} (0.012 4)
工作时长平方×工作收入		-0.0025^{***} (0.000 7)	-0.0046^{*} (0.002 6)
就业质量	已控制	已控制	已控制
闲暇活动	已控制	已控制	已控制
闲暇活动	已控制	已控制	已控制
个体因素	已控制	已控制	已控制
社会认知	已控制	已控制	已控制

注：***、**和*分别表示在 1%、5%和 10%的统计水平上显著；表中“工作时长”“工作时长平方”和“工作收入”取自然对数处理；所有分类变量以最小值为参照；括号内数值为标准误。

第二节　农民工家务活动频率对主观幸福感作用机制的实证分析

一、模型构建

家庭内部分工理论指出，相对资源的多寡决定了家庭成员在家务分配中的议价能力的大小，而公平理论则从另一个角度解释了家务分配对个体主观幸福感的影响（贝克尔，1991；荷西和斯特拉顿，1994；皮纳和本特森，1993）。本节试图基于上述理论，通过构建计量模型探讨农民工家务时长对主观幸福感的影响机制。

已有研究在探讨相对资源—家务分工—主观幸福感的路径时，通常采用个体收入占家庭总收入比例或者丈夫收入与妻子收入之比来反映个体相对资源的多寡（荷西和斯特拉顿，1994；杜凤莲 等，2020）。本书的研究对象为农民工群体，该群体具有不同的性别、年龄与婚姻状况，受研究对象特征与数据可获得性的约束，并考虑到农民工个体不仅以家庭成员为资源多寡的参照对象，还以社会其他群体为参照，上述变量选取的经验不完全适用于农民工群体。为此，本书构建虚拟变量“相对资源”：以 2020 年月均收入 4 072 元为参照①，月均收入高于该标准的为相对资源较多的农民工，赋值为 1，月均收入低于该标准的为相对资源较少的农民工，赋值为 0。将虚拟变量“相对资源”与农民工家务活动分别构建交互项后纳入回归方程，得到农民工相对资源对家务时长与主观幸福感的调节作用回归结果，模型的表达式如下：

$$y_n = e_0 + \beta_2 \times T_{2k} \times R + \sum c_i X_i + \sigma_i \tag{6-2}$$

式（6-2）中，y_n 为样本中第 n 个农民工的主观幸福感水平；β_1 为农民工相对资源与第 k 种家务活动频率的交互项系数；T_{2k} 为农民工第 k 种家务活动的频率；R 反映了农民工相对资源；X_i 为影响农民工主观幸福感的变量向量组，包含一系列核心解释变量与控制变量；e_0 与 c_i 为待估参数；σ_i 为随机扰动项。式中的核心自变量由农民工各类闲暇活动时间的代理变量及其平方项构成；控制变量由三部分构成：第一部分是农民工个体因素的子变量；第二部分是农民工社会认知的子变量；第三部分是农民工就业质量的子变量。

第五章的实证分析指出，农民工第 k 种家务活动频率的平方项与主观幸福感呈正 U 形或倒 U 形关系，为了防止遗漏变量产生模型估计误差，本节还将构建农民工相对资源与第 k 种家务活动频率平方项的交互项纳入回归模型中。由此衍生出如下公式：

$$y_n = e_0 + \beta_3 \times T_{2k}^2 \times R + \sum c_i X_i + \sigma_i \tag{6-3}$$

$$y_n = e_0 + \beta_4 \times T_{2k} \times R + \beta_5 \times T_{2k}^2 \times R + \sum c_i X_i + \sigma_i \tag{6-4}$$

式（6-3）为仅考虑相对资源与第 k 种家务活动频率平方项的交互项时模型的表达式；式（6-4）为同时考虑相对资源与第 k 种家务活动频率交互项、相对资源与第 k 种家务活动频率平方项的交互项时模型的表达式。β_3、β_4、β_5 为各交互项的回归系数。

二、变量选取

（一）被解释变量

前文通过 10 个指标测度了农民工主观幸福感，且其测度结果是一个取值区间为［0，1］的数值，属于连续变量。本章第二节把该连续变量作为计量模型的被解释变量，考察农民工相对资源对家务活动与主观幸福感的调节作用。

① 国家统计局. 2020 年农民工监测调查报告[EB/OL].(2021-04-30)[2021-11-01].http://www.gov.cn/shuju/2021-04/30/content_5604232. htm.

（二）解释变量

本节考察的核心解释变量为农民工相对资源与各家务活动频率的交互项。其中，农民工各家务活动频率已标准化处理，是取值范围为［0，1］的连续变量。农民工各家务活动频率与主观幸福感呈正U形或者倒U形关系，这说明农民工相对资源对家务活动频率与主观幸福感也有可能存在调节效应，因此还应将农民工相对资源与各家务活动频率平方项纳入回归模型。

（三）控制变量

模型的控制变量由农民工个体因素、就业质量与社会认知3个维度组成，农民工的个体因素包括性别、年龄、年龄的平方除以100、受教育程度、婚姻状况。将农民工受教育程度“小学及以下”赋值为1，“初中”赋值为2，“高中及中专”赋值为3，“大专、大学及以上学历”赋值为4。农民工就业质量维度包含“工作收入对数”“工作时长”“工作时长的平方/100”“自主决定工作的程度”“是否参加基本医疗保险”“是否参加基本养老保险”“是否签订劳动合同”以及“是否为国有部门”；农民工社会认知维度包含“主观社会阶层”“社会公平感”“社会信任”3个变量。

三、农民工家务活动频率对主观幸福感作用机制的实证结果

（一）农民工的相对资源对家务活动频率与主观幸福感的调节效应

农民工的相对资源对家务活动频率与主观幸福感的调节效应结果由表6-8、表6-9、表6-10共同反映。其中，表6-8为农民工的相对资源对做饭频率与主观幸福感调节效应的回归结果，表6-9为农民工的相对资源对洗衣服频率与主观幸福感调节效应的回归结果，表6-10为农民工的相对资源对做清洁频率与主观幸福感调节效应的回归结果。

表6-8的回归结果表明，相对资源与做饭频率的一次项交互项、相对资源与做饭频率的平方项交互项在10%的统计水平上均不显著，农民工相对资源对做饭频率与主观幸福感不存在调节效应，即做饭频率对主观幸福感的影响不会受到农民工个体相对资源的干预。

表6-8　农民工的相对资源对做饭频率与主观幸福感调节效应的回归结果

变量名称	模型1	模型2	模型3
相对资源×做饭频率	0.011 4 (0.015 1)		0.051 6 (0.060 1)

表6-8(续)

变量名称	模型 1	模型 2	模型 3
相对资源×做饭频率平方		-0.013 3 (0.006)	-0.057 2 (0.052 7)
就业质量	已控制	已控制	已控制
其他闲暇活动	已控制	已控制	已控制
个体因素	已控制	已控制	已控制
社会认知	已控制	已控制	已控制

注：***、** 和 * 分别表示在 1%、5% 和 10% 的统计水平上显著；所有分类变量以最小值为参照；括号内数值为标准误。

表 6-9 的回归结果表明，相对资源与洗衣服频率的一次项交互项、相对资源与洗衣服频率的平方项交互项在 10% 的统计水平上均不显著，农民工相对资源对洗衣服频率与主观幸福感不存在调节效应，即洗衣服频率对主观幸福感的影响不会受到农民工个体相对资源的干预。

表 6-9　农民工的相对资源对洗衣服频率与主观幸福感调节效应的回归结果

变量名称	模型 4	模型 5	模型 6
相对资源×洗衣服频率	0.027 2 (0.035 7)		0.020 1 (0.029 5)
相对资源×洗衣服频率平方		-0.026 4 (0.023 7)	-0.027 1 (0.022 1)
就业质量	已控制	已控制	已控制
其他闲暇活动	已控制	已控制	已控制
个体因素	已控制	已控制	已控制
社会认知	已控制	已控制	已控制

注：***、** 和 * 分别表示在 1%、5% 和 10% 的统计水平上显著；所有分类变量以最小值为参照；括号内数值为标准误。

表 6-10 的回归结果表明，相对资源与做清洁频率的一次项交互项、相对资源与做清洁频率的平方项交互项对主观幸福感具有显著影响。模型 7 和模型 9 中，相对资源×做清洁频率的系数为负数；模型 8 和模型 9 中，相对资源×做清洁频率平方的系数为正数。结合第四章的回归结果发现，比起相对资源较高的农民工，做清洁频率对相对资源较低的农民工主观幸福感边际影响更大，但是相对资源较高的农民工更早达到做清洁频率—主观幸福感倒 U 形曲线的

“拐点”，这意味着相对资源较高的农民工在做清洁这一家务活动上投入的时间更少。综合以上分析，农民工相对资源对洗衣服频率与主观幸福感存在调节效应，即洗衣服频率对主观幸福感的影响受到农民工个体相对资源的干预。

表 6-10　农民工的相对资源对做清洁频率与主观幸福感调节效应回归结果

变量名称	模型 7	模型 8	模型 9
相对资源×做清洁频率	-0.019 4** (0.009 3)		-0.028 1* (0.015 3)
相对资源×做清洁频率平方		0.015 9** (0.007 9)	0.008 9* (0.004 7)
就业质量	已控制	已控制	已控制
其他闲暇活动	已控制	已控制	已控制
个体因素	已控制	已控制	已控制
社会认知	已控制	已控制	已控制

注：***、** 和 * 分别表示在 1%、5% 和 10% 的统计水平上显著；所有分类变量以最小值为参照；括号内数值为标准误。

（二）农民工的相对资源对家务频率与主观幸福感的调节效应异质性分析

1. 不同性别的农民工相对资源对家务活动频率与主观幸福感的调节效应

表 6-11 为不同性别的农民工相对资源对做饭频率与主观幸福感调节效应的回归结果。其中，模型 10~模型 12 为男性农民工的回归结果，模型 13~模型 15 为女性农民工的回归结果。相对资源×做饭频率、相对资源×做饭频率平方的回归结果分别对应模型 10（模型 11）、模型 13（模型 14），上述交互项同时纳入模型的回归结果在模型 12（模型 15）中显示。

回归结果显示，无论男性农民工还是女性农民工，相对资源与做饭频率的交互项系数为正数，相对资源与做饭频率平方的交互项系数为负数。上述交互项系数在模型 10~模型 15 中均未能在 10% 的统计水平上显著，即相对资源对不同性别农民工洗衣服频率与主观幸福感不存在调节效应，且分样本不存在显著的回归结果差异。

表 6-11　不同性别的农民工相对资源对做饭频率与主观幸福感调节效应回归结果

变量名称	男性农民工			女性农民工		
	模型 10	模型 11	模型 12	模型 13	模型 14	模型 15
相对资源×做饭频率	0.011 9 (0.011 2)		0.050 4 (0.046 8)	0.023 1 (0.015 2)		0.115 7 (0.086 4)
相对资源×做饭频率平方		-0.014 3 (0.012 3)	-0.057 8 (0.041 1)		-0.021 1 (0.013 5)	-0.096 1 (0.088 8)
就业质量	已控制	已控制	已控制	已控制	已控制	已控制
其他闲暇活动	已控制	已控制	已控制	已控制	已控制	已控制
个体因素	已控制	已控制	已控制	已控制	已控制	已控制
社会认知	已控制	已控制	已控制	已控制	已控制	已控制

注：***、** 和 * 分别表示在 1%、5%和 10%的统计水平上显著；所有分类变量以最小值为参照；括号内数值为标准误。

表 6-12 为不同性别的农民工相对资源对洗衣服频率与主观幸福感调节效应的回归结果。其中，模型 16~模型 18 为男性农民工的回归结果，模型 19~模型 21 为女性农民工的回归结果。相对资源×洗衣服频率、相对资源×洗衣服频率平方的回归结果分别对应模型 16（模型 19）、模型 17（模型 20），上述交互项同时纳入模型的回归结果在模型 18（模型 21）中显示。

回归结果显示，无论男性农民工还是女性农民工，相对资源与洗衣服频率的交互项系数为正数，相对资源与做饭频率平方的系数为负数。上述交互项系数在模型 16~模型 18 中均未能在 10%的统计水平上显著，但在模型 19 中，交互项系数在 5%的统计水平上显著；模型 20~模型 21 中，交互项系数在 10%的统计水平上显著。即相对资源对男性农民工洗衣服频率与主观幸福感不存在调节效应，但对女性农民工洗衣服频率与主观幸福感存在调节效应：相对资源较多的女性农民工，其洗衣服频率—主观幸福感的 U 形曲线向左偏移且“开口”变大。在家庭内部分工的背景下，洗衣服频率对相对资源较高的女性农民工主观幸福感的影响小于相对资源较低的女性农民工。上述结果说明，相对资源对不同性别农民工洗衣服频率与主观幸福感存在部分调节效应，分样本存在显著的回归结果差异。

表 6-12　不同性别的农民工相对资源对洗衣服频率与主观幸福感调节效应回归结果

变量名称	男性农民工			女性农民工		
	模型 16	模型 17	模型 18	模型 19	模型 20	模型 21
相对资源×洗衣服频率	0.010 3 (0.011 5)		0.065 8 (0.049 9)	0.026 8** (0.013 0)		0.117 8*
相对资源×洗衣服频率平方		-0.016 2 (0.013 1)	-0.089 5 (0.057 1)		-0.026 0* (0.013 6)	-0.095 8* (0.054 4)
就业质量	已控制	已控制	已控制	已控制	已控制	已控制
其他闲暇活动	已控制	已控制	已控制	已控制	已控制	已控制
个体因素	已控制	已控制	已控制	已控制	已控制	已控制
社会认知	已控制	已控制	已控制	已控制	已控制	已控制

注：***、**和*分别表示在1%、5%和10%的统计水平上显著；所有分类变量以最小值为参照；括号内数值为标准误。

表6-13为不同性别的农民工相对资源对做清洁频率与主观幸福感调节效应的回归结果。其中，模型22~模型24为男性农民工的回归结果，模型25~模型27为女性农民工的回归结果。相对资源×做清洁频率、相对资源×做清洁频率平方的回归结果分别对应模型22（模型25）、模型23（模型26），上述交互项同时纳入模型的回归结果在模型24（模型27）中显示。

回归结果显示，无论男性农民工还是女性农民工，相对资源与做清洁频率的交互项系数为负数，相对资源与做清洁频率平方的系数为正数。上述交互项系数在模型22~模型24中均未能在10%的统计水平上显著，但在模型25中，交互项系数在5%的统计水平上显著；模型26~模型27中，交互项系数在10%的统计水平上显著。即相对资源对男性农民工做清洁频率与主观幸福感不存在调节效应，但对女性农民工做清洁频率与主观幸福感存在调节效应：相对资源较多的女性农民工，其做清洁频率—主观幸福感的倒U形曲线向左偏移且“开口”变大。在家庭内部分工的背景下，做清洁频率对相对资源较高的女性农民工主观幸福感的影响小于相对资源较低的女性农民工。上述结果说明，相对资源对不同性别农民工做清洁频率与主观幸福感存在部分调节效应，分样本存在显著的回归结果差异。

表 6-13　不同性别的农民工相对资源对做清洁频率与主观幸福感调节效应回归结果

变量名称	男性农民工			女性农民工		
	模型 22	模型 23	模型 24	模型 25	模型 26	模型 27
相对资源×做清洁频率	-0.001 5 (0.011 6)		-0.011 6 (0.054 1)	-0.025 9** (0.012 7)		-0.135 7* (0.077 2)
相对资源×做清洁频率平方		0.002 6 (0.013 3)	0.015 5 (0.054 1)		0.024 1* (0.014 0)	0.116 5* (0.061 4)
就业质量	已控制	已控制	已控制	已控制	已控制	已控制
其他闲暇活动	已控制	已控制	已控制	已控制	已控制	已控制
个体因素	已控制	已控制	已控制	已控制	已控制	已控制
社会认知	已控制	已控制	已控制	已控制	已控制	已控制

注：***、** 和 * 分别表示在 1%、5% 和 10% 的统计水平上显著；所有分类变量以最小值为参照；括号内数值为标准误。

表 6-11、表 6-12 和表 6-13 的回归结果说明，相对资源对不同性别农民工家务活动频率与主观幸福感存在部分调节效应。相比于男性农民工，相对资源对女性农民工家务活动频率与主观幸福感的调节效应更为显著，且该调节效应减小了家务活动频率对女性农民工主观幸福感的影响。在女性普遍承担更多家务活动的背景下，实证结果证实了相对资源的提升将有助于缓解部分家务活动对女性农民工带来的主观幸福感损失。

2. 不同婚姻状况的农民工相对资源对家务活动频率与主观幸福感的调节效应

表 6-14 为不同婚姻状况的农民工相对资源对做饭频率与主观幸福感调节效应的回归结果。其中，模型 28~模型 30 为未婚农民工的回归结果，模型 31~模型 33 为已婚农民工的回归结果。相对资源×做饭频率、相对资源×做饭频率平方的回归结果分别对应模型 28（模型 31）、模型 29（模型 32），上述交互项同时纳入模型的回归结果在模型 30（模型 33）中显示。

回归结果显示，无论未婚农民工还是已婚农民工，相对资源与洗衣服频率的交互项系数为正数，相对资源与洗衣服频率平方的交互项系数为负数。在模型 28~模型 33 中，上述交互项系数均未能在 10% 的统计水平上显著，即相对资源对不同婚姻状况农民工做饭频率与主观幸福感不存在调节效应，且分样本不存在显著的回归结果差异。

表 6-14　不同婚姻状况的农民工相对资源对做饭频率与主观幸福感调节效应回归结果

变量名称	未婚农民工			已婚农民工		
	模型 28	模型 29	模型 30	模型 31	模型 32	模型 33
相对资源×做饭频率	0. 023 3 (0. 036 6)		0. 078 9 (0. 110 2)	0. 003 7 (0. 006 3)		0. 029 5 (0. 053 9)
相对资源×做饭频率平方		-0. 030 4 (0. 032 9)	-0. 097 3 (0. 099 0)		-0. 009 6 (0. 013 9)	-0. 023 0 (0. 046 0)
就业质量	已控制	已控制	已控制	已控制	已控制	已控制
其他闲暇活动	已控制	已控制	已控制	已控制	已控制	已控制
个体因素	已控制	已控制	已控制	已控制	已控制	已控制
社会认知	已控制	已控制	已控制	已控制	已控制	已控制

注：***、** 和 * 分别表示在 1%、5% 和 10% 的统计水平上显著；所有分类变量以最小值为参照；括号内数值为标准误。

表 6-15 为不同婚姻状况的农民工相对资源对洗衣服频率与主观幸福感调节效应的回归结果。其中，模型 34~模型 36 为未婚农民工的回归结果，模型 37~模型 39 为已婚农民工的回归结果。相对资源×洗衣服频率、相对资源×洗衣服频率平方的回归结果分别对应模型 34（模型 37）、模型 35（模型 38），上述交互项同时纳入模型的回归结果在模型 36（模型 39）中显示。

回归结果显示，无论未婚农民工还是已婚农民工，相对资源与做饭频率的交互项系数为正数，相对资源与做饭频率平方的交互项系数为负数。在模型 34~模型 39 中，上述交互项系数均未能在 10% 的统计水平上显著，即相对资源对不同婚姻状况农民工洗衣服频率与主观幸福感不存在调节效应，分样本不存在回归结果差异。

表 6-15　不同婚姻状况的农民工相对资源对洗衣服频率与主观幸福感调节效应回归结果

变量名称	未婚农民工			已婚农民工		
	模型 34	模型 35	模型 36	模型 37	模型 38	模型 39
相对资源×洗衣服频率	0. 015 8 (0. 032 5)		0. 009 3 (0. 012 0)	0. 008 4 (0. 015 2)		-0. 018 5 (0. 048 5)
相对资源×洗衣服频率平方		-0. 014 1 (0. 028 4)	-0. 006 2 (0. 010 9)		-0. 006 5 (0. 014 1)	0. 009 8 (0. 025 0)
就业质量	已控制	已控制	已控制	已控制	已控制	已控制
其他闲暇活动	已控制	已控制	已控制	已控制	已控制	已控制

表6-15(续)

变量名称	未婚农民工			已婚农民工		
	模型 34	模型 35	模型 36	模型 37	模型 38	模型 39
个体因素	已控制	已控制	已控制	已控制	已控制	已控制
社会认知	已控制	已控制	已控制	已控制	已控制	已控制

注：***、** 和 * 分别表示在 1%、5%和 10%的统计水平上显著；所有分类变量以最小值为参照；括号内数值为标准误。

表 6-16 为不同婚姻状况的农民工相对资源对做清洁频率与主观幸福感调节效应的回归结果。其中，模型 40～模型 42 为未婚农民工的回归结果，模型 43～模型 45 为已婚农民工的回归结果。相对资源×做清洁频率、相对资源×做清洁频率平方的回归结果分别对应模型 40（模型 43）、模型 41（模型 44），上述交互项同时纳入模型的回归结果在模型 42（模型 45）中显示。

在模型 40～模型 42 中，上述交互项系数均未能在 10%的统计水平上显著；在模型 43～模型 45 中，交互项系数分别在 5%和 1%的统计水平上显著。即相对资源对未婚农民工做清洁频率与主观幸福感不存在调节效应，但对已婚农民工做清洁频率与主观幸福感存在调节效应：相对资源较多的已婚农民工，其做清洁频率—主观幸福感的倒 U 形曲线向左偏移且“开口”变大。在家庭内部分工的背景下，做清洁频率对相对资源较高的已婚农民工主观幸福感的影响小于相对资源较低的已婚农民工。上述结果说明，相对资源对不同婚姻状况农民工做清洁频率与主观幸福感存在部分调节效应，分样本存在显著的回归结果差异。

表 6-16　不同婚姻状况的农民工相对资源对做清洁频率与主观幸福感调节效应回归结果

变量名称	未婚农民工			已婚农民工		
	模型 40	模型 41	模型 42	模型 43	模型 44	模型 45
相对资源×做清洁频率	-0.003 2 (0.006 9)		-0.007 9 (0.005 2)	-0.142 6*** (0.045 1)		-0.203 1** (0.098 3)
相对资源×做清洁频率平方		0.011 2 (0.015 1)	0.007 8 (0.015 9)		0.157*** (0.036 9)	0.299 9*** (0.115 6)
就业质量	已控制	已控制	已控制	已控制	已控制	已控制
其他闲暇活动	已控制	已控制	已控制	已控制	已控制	已控制
个体因素	已控制	已控制	已控制	已控制	已控制	已控制
社会认知	已控制	已控制	已控制	已控制	已控制	已控制

注：***、** 和 * 分别表示在 1%、5%和 10%的统计水平上显著；所有分类变量以最小值为参照；括号内数值为标准误。

3. 不同代际的农民工相对资源对家务活动频率与主观幸福感的调节效应检验

表 6-17 为不同代际的农民工相对资源对做饭频率与主观幸福感调节效应的回归结果。其中，模型 46~模型 48 为新农民工的回归结果，模型 49~模型 51 为老农民工的回归结果。相对资源×做饭频率、相对资源×做饭频率平方的回归结果分别对应模型 46（模型 49）、模型 47（模型 50），上述交互项同时纳入模型的回归结果在模型 48（模型 51）中显示。

回归结果显示，无论新农民工还是老农民工，相对资源与做饭频率的交互项系数为正数，相对资源与做饭频率平方的交互项系数为负数。在模型 46~模型 51 中，上述交互项系数均未能在 10%的统计水平上显著，即相对资源对不同代际农民工做饭频率与主观幸福感不存在调节效应，且分样本不存在显著的回归结果差异。

表 6-17　不同代际的农民工相对资源对做饭频率与主观幸福感调节效应回归结果

变量名称	新农民工			老农民工		
	模型 46	模型 47	模型 48	模型 49	模型 50	模型 51
相对资源×做饭频率	0.036 1 (0.024 0)		0.018 7 (0.027 0)	0.017 1 (0.022 3)		0.011 4 (0.016 4)
相对资源×做饭频率平方		-0.031 4 (0.021 3)	0.015 9 (0.020 4)		-0.010 1 (0.019 9)	-0.009 1 (0.015 8)
就业质量	已控制	已控制	已控制	已控制	已控制	已控制
其他闲暇活动	已控制	已控制	已控制	已控制	已控制	已控制
个体因素	已控制	已控制	已控制	已控制	已控制	已控制
社会认知	已控制	已控制	已控制	已控制	已控制	已控制

注：***、**和*分别表示在 1%、5%和 10%的统计水平上显著；所有分类变量以最小值为参照；括号内数值为标准误。

表 6-18 为不同代际的农民工相对资源对洗衣服频率与主观幸福感调节效应的回归结果。其中，模型 52~模型 54 为新农民工的回归结果，模型 55~模型 57 为老农民工的回归结果。相对资源×洗衣服频率、相对资源×洗衣服频率平方的回归结果分别对应模型 52（模型 55）、模型 53（模型 56），上述交互项同时纳入模型的回归结果在模型 54（模型 57）中显示。

回归结果显示，无论新农民工还是老农民工，相对资源与洗衣服频率的交互项系数为正数，相对资源与洗衣服频率平方的交互项系数为负数。在模型

52~模型 57 中，上述交互项系数均未能在 10%的统计水平上显著，即相对资源对不同代际农民工洗衣服频率与主观幸福感不存在调节效应，且分样本不存在显著的回归结果差异。

表 6-18　不同代际的农民工相对资源对洗衣服频率与主观幸福感调节效应的回归结果

变量名称	新农民工			老农民工		
	模型 52	模型 53	模型 54	模型 55	模型 56	模型 57
相对资源×洗衣服频率	0.006 4 (0.022 1)		0.011 0 (0.016 7)	0.014 8 (0.019 9)		0.009 3 (0.006 6)
相对资源×洗衣服频率平方		-0.005 7 (0.018 4)	-0.004 8 (0.017 2)		-0.023 0 (0.018 8)	0.010 7 (0.012 5)
就业质量	已控制	已控制	已控制	已控制	已控制	已控制
其他闲暇活动	已控制	已控制	已控制	已控制	已控制	已控制
个体因素	已控制	已控制	已控制	已控制	已控制	已控制
社会认知	已控制	已控制	已控制	已控制	已控制	已控制

注：***、** 和 * 分别表示在 1%、5%和 10%的统计水平上显著；所有分类变量以最小值为参照；括号内数值为标准误。

表 6-19 为不同代际的农民工相对资源对做清洁频率与主观幸福感调节效应的回归结果。其中，模型 58~模型 60 为新农民工的回归结果，模型 61~模型 63 为老农民工的回归结果。相对资源×做清洁频率、相对资源×做清洁频率平方的回归结果分别对应模型 58（模型 61）、模型 59（模型 62），上述交互项同时纳入模型的回归结果在模型 60（模型 63）中显示。

在模型 58~模型 63 中，上述交互项系数均在 10%的统计水平上显著。即相对资源既对新农民工做清洁频率与主观幸福感存在调节效应，也对老农民工做清洁频率与主观幸福感存在调节效应：相对资源较多的新（老）农民工，其做清洁频率—主观幸福感的倒 U 形曲线向左偏移且“开口”变大，做清洁频率对相对资源较高的新（老）农民工主观幸福感的影响小于相对资源较低的新（老）农民工。上述结果说明，相对资源对农民工做清洁频率与主观幸福感均存在调节效应，且该调节效应不存在明显的农民工代际差异。

表 6-19　不同代际的农民工相对资源对做清洁频率与主观幸福感调节效应回归结果

变量名称	新农民工			老农民工		
	模型 58	模型 59	模型 60	模型 61	模型 62	模型 63
相对资源×做清洁频率	-0.104 9*** (0.025 3)		-0.052 2** (0.022 6)	-0.039 0* (0.021 4)		-0.117 8*
相对资源×做清洁频率平方		0.098 9*** (0.021 1)	-0.139 8** (0.060 8)		0.049 6** (0.019 7)	0.152 2** (0.061 3)
就业质量	已控制	已控制	已控制	已控制	已控制	已控制
其他闲暇活动	已控制	已控制	已控制	已控制	已控制	已控制
个体因素	已控制	已控制	已控制	已控制	已控制	已控制
社会认知	已控制	已控制	已控制	已控制	已控制	已控制

注：***、** 和 * 分别表示在 1%、5% 和 10% 的统计水平上显著；所有分类变量以最小值为参照；括号内数值为标准误。

第三节　农民工休闲活动频率对主观幸福感作用机制的实证分析

一、模型构建

本书第二章指出，休闲对个体福祉具有重要意义。既有研究认为，休闲主要通过如下两种路径提升个体福祉：第一种是休闲能够提高个体的工作效率，使其获得更高的收入进而提升个体福祉；第二种是休闲使个体保持身心健康，改善个体的生活体验进而提升个体福祉。

第一种路径反映了收入对休闲与个体福祉存在中介效应的思想，第二种路径则反映了生活体验对休闲与个体福祉存在中介效应的思想。参考温忠麟等（2004）的经验，上述路径均可通过如下公式表达：

$$y_n = e_1 + c_1 x_i + \sigma_i \tag{6-5}$$

$$M_n = e_2 + c_2 x_i + \sigma_i \tag{6-6}$$

$$y_n = e_3 + c_3 x_i + c_4 M_n + \sigma_i \tag{6-7}$$

式（6-5）、式（6-6）和式（6-7）中，y_n 为第 n 个农民工的主观幸福感水平，M_n 为第 n 个农民工的中介变量，e_1、e_2、e_3、c_1、c_2、c_3、c_4 为待估参数，σ_i 为随机扰动项。当 c_1、c_2、c_3 和 c_4 在上述三个公式中均显著时，公式反映的是部分中介效应；当 c_1 、c_2 、c_4 显著但 c_3 不显著时，公式反映的是完全中介效应；其他情况视作不存在中介效应。

检验中介效应的方法主要有三种：第一种是依次检验回归系数（Judd & Kenny，1981；Baron & Kenny，1986）；第二种是检验回归系数乘积 c_2c_4 是否显著（Sobel，1987），若 $c_2c_4=0$ 的假设被拒绝，则中介效应显著；第三种是检验 c_3 和 c_1 的差异是否显著，若 $c_1-c_3=0$ 的假设被拒绝，则中介效应显著（Clogg et al.，1992）。上述三种检验方法中，第一种是最便捷可行的，因此本节采取依次检验回归系数的方式检验可能存在的中介效应。

当基于以上模型设定，采用依次检验回归系数的方法检验农民工工作收入对休闲时间与主观幸福感可能存在的中介效应时，若农民工休闲时间对工作收入不具有因果关系，则可认为“休闲时间—工作收入—主观幸福感”的中介关系不成立。因此，本节拟构建农民工工作收入与休闲时间的计量模型，作为判断中介效应存在与否的依据。

本书中，主观幸福感是由3个维度、10个指标测度而来的，这10个指标均为农民工的主观感受。若以农民工休闲时间为解释变量、生活体验的代理变量为中介变量、主观幸福感为被解释变量检验第二种路径可能存在的中介效应，会导致被解释变量与中介变量产生反向因果等内生性问题。鉴于此，本节拟将农民工主观幸福感的10个测度指标作为被解释变量，农民工休闲时间作为解释变量，构建计量模型分解休闲时间对主观幸福感的影响，进而厘清农民工休闲时间对主观幸福感的影响机制。该研究路径可通过如下公式表达：

$$y_{nk}=e_4+\gamma_i x_i+\sum c_i X_i+\sigma_i \tag{6-8}$$

式（6-8）中，k 为农民工主观幸福感测度指标的编号，因此 y_{nk} 为第 n 个农民工样本第 k 个主观幸福感测度指标，x_i 为休闲时间的代理变量，X_i 为控制变量，e_4 、γ_i 和 c_i 为待估参数，σ_i 为随机扰动项。

二、变量选取

（一）被解释变量

如前文所言，在检验“第一种路径”即农民工的工作收入对休闲时间与主观幸福感的中介效应时，模型的被解释变量为农民工的工作收入，为了使解释变量更平滑，本节对农民工的工作收入取对数处理；在检验“第二种路径”时，模型的被解释变量为农民工主观幸福感的10个测度指标，这10个测度指标均已标准化处理，转换成取值范围为［0，1］的连续变量。

（二）解释变量

无论检验“第一种路径”还是“第二种路径”，模型的解释变量始终为农民工休闲时间的代理变量。休闲时间通常被定义为“工作与维持生活必须时间”以外的时间，因此解释变量由以下经过标准化处理的变量组成：农民工社交/串门频率及其平方项、农民工学习频率及其平方项、农民工休息放松频率及其平方项。

（三）控制变量

检验“第一种路径”时，模型的控制变量包含如下维度：第一个是不包含工作收入指标的农民工就业质量维度；第二个是农民工家务活动频率维度；第三个是农民工个体因素维度；第四个是农民工的社会认知维度。检验“第二种路径”时，模型的控制变量包含如下维度：第一个是包含工作收入指标的农民工就业质量维度；第二个是农民工家务活动频率维度；第三个是农民工个体因素维度；第四个是农民工的社会认知维度。其中，农民工就业质量维度除了工作收入外，还包括工作时长、工作时长平方/100 等 7 个指标；农民工家务活动频率维度包含做饭的频率及其平方项、洗衣服的频率及其平方项、做清洁的频率及其平方项 6 个指标；农民工个体因素维度包括性别、年龄、年龄的平方/100 等 5 个指标；农民工的社会认知维度包括主观社会阶层、社会公平感和社会信任 3 个指标。

三、农民工休闲活动频率对主观幸福感作用机制的实证结果

（一）农民工的工作收入对休闲时间与主观幸福感的中介效应

表 6-20 为农民工各类休闲活动频率对工作收入影响的回归结果。回归结果中，农民工各类休闲活动频率对工作收入的影响均未能在 10%的统计水平上显著，说明农民工各类休闲活动频率对工作收入不存在显著影响。基于本节的模型设定，表 6-20 的回归结果表明农民工工作收入对休闲时间与主观幸福感不存在中介效应。

表 6-20　农民工各类休闲活动频率对工作收入影响的回归结果

变量名称	系数	标准误
社交/串门的频率	0. 215 4	0. 190 8
社交/串门的频率平方	0. 288 0	0. 165 6
学习的频率	0. 293 6	0. 181 1
学习的频率平方	0. 377 5	0. 232 1

表6-20(续)

变量名称	系数	标准误
休息放松的频率	-0. 358 5	0. 302 2
休息放松的频率平方	0. 405 1	0. 276 1
控制变量	已控制	

注：***、** 和 * 分别表示在 1%、5% 和 10% 的统计水平上显著；所有分类变量以最小值为参照。

(二) 农民工各类休闲活动频率对主观幸福感影响的分解结果

农民工各类休闲活动频率对主观幸福感影响的分解结果如表 6-21 所示。表 6-21 反映出农民工各类休闲活动频率对主观幸福感测度指标的影响各有侧重：农民工社交/串门的频率及其平方项对人际适应体验、心理健康体验、身体健康体验与自我接受体验具有显著影响，即农民工社交/串门的频率及其平方项显著影响主观幸福感的健康体验维度与发展体验维度，适度参加社交/串门活动能够使农民工拥有更好的个人情绪、人际关系、身体健康和自我接受水平。农民工学习的频率及其平方项对身体健康体验、知足充裕体验、心态平衡体验、社会信心体验、成长发展体验、目标价值体验与自我接受体验具有显著影响，且除了与心态平衡体验、目标价值体验呈倒 U 形关系，农民工学习频率及其平方项与其他具有显著影响的指标呈正向相关关系。该结果表明，农民工在学习方面投入适度的时间能够最大程度提升个体的心态平衡体验与目标价值体验，且在学习方面投入较多的时间能够较大程度提升其他显著相关的指标水平。在农民工普遍不把休闲时间投入到学习的社会背景下，利用休闲时间学习能够改善农民工满足体验维度与发展体验维度的水平。农民工休息放松的频率及其平方项对心理健康体验、家庭氛围体验、社会信心体验、目标价值体验与自我接受体验具有显著影响，且除了心理健康体验，休息放松频率与其他显著相关的指标均呈现倒 U 形关系。该结果进一步说明，过少或过多的休息放松时间对农民工健康体验维度与发展体验维度的水平具有损耗，而农民工失业风险较高，因此有一定的可能“被动休息”是农民工休息时间过长但主观幸福感水平较低的原因之一。

表 6-21　农民工各类休闲活动频率对主观幸福感影响的分解结果

变量名称	社交/串门的频率	社交/串门的频率平方	学习的频率	学习的频率平方	休息放松的频率	休息放松的频率平方
人际适应体验	-0.060 5 (0.061 9)	0.159 3** (0.065 9)	-0.075 9 (0.052 5)	0.088 8 (0.067 7)	0.005 0 (0.088 4)	0.002 2 (0.081 1)
心理健康体验	0.177 3*** (0.065 6)	-0.292 2*** (0.069 9)	0.072 4 (0.055 7)	0.081 4 (0.071 8)	0.093 7*** (0.028 8)	0.073 9** (0.036 0)
家庭氛围体验	-0.077 0 (0.067 4)	0.095 2 (0.071 7)	0.032 7 (0.057 2)	-0.006 5 (0.073 7)	-0.125 3 (0.096 2)	0.152 1* (0.088 3)
身体健康体验	0.253 1*** (0.077 4)	-0.256 1*** (0.082 4)	0.111 5* (0.065 7)	0.094 6 (0.084 6)	0.088 1 (0.110 5)	-0.001 2 (0.101 4)
知足充裕体验	0.018 5 (0.069 7)	0.014 3 (0.074 2)	0.073 9* (0.039 1)	-0.011 7 (0.016 2)	0.021 4 (0.059 5)	0.069 2 (0.091 3)
心态平衡体验	0.031 6 (0.060 4)	-0.008 2 (0.064 3)	0.128 2** (0.051 3)	-0.116 7* (0.006 1)	-0.019 9 (0.086 3)	0.059 2 (0.079 2)
社会信心体验	-0.023 3 (0.052 2)	0.059 2 (0.055 6)	0.066 5 (0.044 3)	0.154 0*** (0.057 1)	0.071 4** (0.034 6)	-0.071 9* (0.038 4)
成长发展体验	-0.037 8 (0.044 5)	0.061 3 (0.047 4)	0.048 9 (0.037 7)	0.072 1* (0.038 6)	-0.008 1 (0.063 5)	0.050 7 (0.058 3)
目标价值体验	-0.014 6 (0.067 3)	0.082 7 (0.071 7)	0.224 9*** (0.057 1)	-0.161 8** (0.073 6)	0.255 4*** (0.096 2)	-0.240 4*** (0.088 2)
自我接受体验	0.093 0* (0.049 6)	0.128 0** (0.063 5)	0.110 5** (0.050 6)	0.096 0 (0.065 2)	0.371 1*** (0.085 1)	-0.236 3*** (0.078 1)

注：***、**和*分别表示在1%、5%和10%的统计水平上显著；表中主观幸福感测度指标为被解释变量，各类休闲活动频率为解释变量；各模型已纳入相关控制变量，且所有分类变量以最小值为参照；括号中数值为标准误。

第四节　本章小结

本章基于前文理论框架与实证分析结果，通过构建相关交互项指标、分解主观幸福感的方式分别考察农民工工作时长、家务时长与休闲时长对主观幸福感水平的影响机制。农民工工作时长方面，本书基于劳动供给理论与第四章的实证分析构建了工作时长与工作收入的交互项，考虑到工作时长与农民工主观幸福感呈倒U形关系，本章还将工作时长平方项与工作收入的交互项纳入模型中，考察农民工工作收入对工作时长与主观幸福感可能存在的调节效应。实证结果表明，农民工工作收入对工作时长与主观幸福感具有显著的调节效应：工作收入的增加将缩小农民工工作时长对主观幸福感的边际贡献，同时使农民工工作时长的“拐点”提前到来。异质性分析结果表明，对于工作时长未超过“拐点”的男性、未婚、新一代农民工，提高工作收入缓解了上述农民工群体的幸福损失；而当工作时长超过“拐点”时，增加工作收入能够改善超时工作对主观幸福感的负向影响，但农民工仍倾向于降低劳动供给，谋求更多的闲暇时间。

农民工家务时间方面，本章以2020年全国农民工平均收入为参照，构建虚拟变量“相对资源”，进而形成农民工相对资源与各类家务活动（包括家务活动平方项）的交互项。实证结果表明，相对资源对部分家务活动频率与主观幸福感存在调节效应：比起相对资源较高的农民工，做清洁频率对相对资源较低的农民工主观幸福感边际影响更大，相对资源较低的农民工在做清洁这一家务活动上投入的时间更长。异质性分析结果表明，相对资源对女性、已婚和新老农民工的家务活动频率与主观幸福感具有显著的调节效应，对男性、未婚农民工的调节效应并不明显。需要注意的是，上述调节效应几乎只在“做清洁”这一家务活动上显著。结合前文的理论阐述与假设，本章实证结果为家务活动时间具有商品价格弹性特征提供了证明。

农民工休闲时间方面，首先本章基于既有研究，检验农民工工作收入对各类休闲活动频率和主观幸福感的中介效应。实证结果表明，农民工工作收入对各类休闲活动频率和主观幸福感不存在中介效应，即农民工休闲时间的增加并不会带来工作收入的增加，进而提升农民工主观幸福感。接着本章将农民工主观幸福感分解为10个测度指标，对农民工各类休闲活动频率与主观幸福感测度指标的影响进行观测。实证结果表明，农民工社交/串门、学习、休息放松这三类休闲活动频率对主观幸福感的影响维度有所不同：社交/串门频率对健康体验维度与发展体验维度具有显著影响；学习频率对满足体验维度与发展体验维度具有显著影响；休息放松频率对健康体验维度与发展体验维度具有显著影响。

第七章　主要结论与政策建议

第一节　主要结论

一、农民工主观幸福感水平较高，且呈现个体特征与地区差异

本书在卡尼曼的理论设定、邢占军编制的量表基础上，考虑到数据可获得性以及可能存在的指标共线性，设置 3 个维度、10 个指标并采取等权重赋值的方式测度农民工主观幸福感。测度结果显示，考虑到农民工个体特征，男性农民工主观幸福感略高于女性农民工；未婚农民工主观幸福感略低于已婚农民工；新农民工主观幸福感高于老农民工。因此，农民工主观幸福感在地区方面呈现“东高西低”的规律。

在同一主观幸福感水平下，农民工主观幸福感的提高较为依赖心理健康体验与家庭氛围体验。已婚农民工的人际适应体验、家庭氛围体验、社会信心体验 3 项测度指标得分在各区间均值始终高于未婚农民工，但多数情况下身体健康体验、成长发展体验方面在各区间的得分均值低于未婚农民工。在主观幸福感各取值区间中，老农民工的身体健康体验、社会信心体验 2 个测度指标得分均值始终低于新农民工。

样本分布方面，农民工在主观幸福感各测度指标中评价较高，但评价仍有进一步提升的空间；相比于女性、未婚农民工，男性、已婚农民工在健康体验维度的评价更趋于一致；健康体验维度中，老农民工拥有更好的人际适应体验，新农民工则拥有更好的家庭氛围体验与身体健康体验；知足充裕体验始终是制约农民工主观幸福感水平的指标，但该体验得分并非完全遵循“东高西低”的规律。

测度结果说明，各指标的样本分布以及对农民工主观幸福感的贡献呈现性别、婚姻状况、代际、区域差异。因此，我们要重视不同特征农民工群体的主

观幸福感状况，以便于制定更具有针对性的、切实有效的农民工主观幸福感提升策略。

二、农民工群体不存在“幸福悖论”现象

在控制相关变量后，增加绝对年收入能够显著提升农民工主观幸福感，这说明当前我国农民工群体尚不存在“幸福悖论”现象。本书还发现，绝对年收入对农民工主观幸福感的提升表现出边际效应递减规律，即相比于低收入农民工，绝对年收入对高收入农民工主观幸福感的提升作用较小。研究结果说明，“收入拐点”假设能够一定程度解释与验证“幸福悖论”。

三、农民工就业质量和多种活动时间影响主观幸福感

本书基于劳动供给理论、时间配置模型等理论，探讨就业质量与闲暇活动对农民工主观幸福感的影响。就业质量方面，提高农民工工作收入与自主决定工作的程度、合理缩减工作时间、提供基本保险、签订劳动合同能够显著有效地提高农民工的主观幸福感。与既有研究结论有所不同的是，本书通过实证分析指出，农民工的工作时长与主观幸福感呈倒U形关系，过少或过多的工作时长都会损耗农民工的主观幸福感，农民工未充分就业或疲劳工作是上述现象的部分原因。异质性分析结果显示，工作回报、工作强度等维度对男性农民工主观幸福感影响更大，而增加工作自主性、提高工作保障力度能够大幅提升女性农民工主观幸福感，工作对女性农民工主观幸福感的贡献不可忽视；就业质量对已婚农民工主观幸福感具有更广的影响维度，相比于未婚农民工，已婚农民工更希望自身的工作权益得到保障，并通过参与基本养老保险降低可能面临的风险；相比老农民工，工作收入对新农民工主观幸福感的边际贡献更大，但老农民工对工作保障、工作类型更为关切。闲暇活动方面，农民工从事家务活动时间对主观幸福感的影响随着家务活动类型的不同而存在差异。以农民工从事家务活动的频率为家务活动时间的代理变量，农民工做饭、洗衣服的频率与农民工主观幸福感呈U形关系，而做清洁的频率与农民工主观幸福感呈倒U形关系。相比男性农民工，女性农民工主观幸福感受闲暇活动影响的维度更广；纯耗时型活动、成就型活动对未婚农民工主观幸福感作用更显著且边际作用更大，家务活动和社交型活动则对已婚农民工主观幸福感影响更显著；闲暇活动对新老农民工主观幸福感影响的维度差异较小，但边际作用具有较大的差别，闲暇活动频率对老农民工主观幸福感边际作用更大。

四、农民工的工作收入在时间配置对主观幸福感的影响中具有调节效应

本书通过构建相关交互项指标、分解主观幸福感的方式，分别考察农民工工作时长、家务时长与休闲时长对主观幸福感水平的影响机制。工作时长方面，农民工工作收入对工作时长与主观幸福感具有显著的调节效应：当工作时长未超过“拐点”时，提高收入能够放大工作时长对主观幸福感的正向作用；当工作时长超过“拐点”时，工作收入的提升放大了工作时长对主观幸福感的负向作用。对于工作时长未超过“拐点”的男性、未婚、新一代农民工，提高工作收入缓解了上述农民工群体的幸福损失；而当工作时长超过“拐点”时，增加工作收入能够改善超时工作对主观幸福感的负向影响，但农民工仍倾向于降低劳动供给，谋求更多的闲暇时间。家务时间方面，相对资源对部分家务活动频率与主观幸福感存在调节效应，即做清洁频率对相对资源较低的农民工主观幸福感边际影响更大，相对资源较低的农民工在做清洁这一家务活动上投入的时间更长；相对资源对女性、已婚和新老农民工的家务活动频率与主观幸福感具有显著的调节效应，对男性、未婚农民工的调节效应并不明显。上述调节效应的验证说明家庭内部分工理论能够较好地解释农民工对家务活动的分配。另外，调节效应的存在还在一定程度上说明家务活动具有供给价格弹性特征，农民工对部分家务活动的时间投入会受到个体相对资源的干预。休闲时间方面，本书通过实证分析发现，农民工休闲时间的增加并不会带来工作收入的增加，进而提升农民工主观幸福感。休闲时间对主观幸福感的影响维度有所差异：社交/串门频率显著影响健康体验维度与发展体验维度；学习频率显著影响满足体验维度与发展体验维度；休息放松频率显著影响健康体验维度与发展体验维度。

第二节　政策建议

改革开放 40 多年以来，我国以经济建设为中心，结合自身发展的特征，本着效率优先、兼顾公平的经济发展原则，取得了一系列巨大成就，这些成就离不开农民工群体为城市建设做出的贡献。马克思主义追求的目标是人的自由而全面的发展，但不可忽视的现象是，当前我国人民日益增长的美好生活需要和不平衡不充分的发展之间的矛盾较为突出，农民工群体的主观幸福感仍有待提高。基于上文研究内容，本书提出如下政策建议。

一、健全促进农民工就业、增加劳动收入的制度条件

绝对收入目前仍然是影响农民工主观幸福感的重要因素。对于不良企业拖欠工资、恶意压缩员工收入等现象，政府要加大打击力度，不断完善相关的劳动法规，保障农民工能及时足额地获得劳动报酬，遏制上述现象的发生。除了关注收入问题，政府还需要完善市场机制，营造健康有效的环境，即进一步健全《中华人民共和国劳动法》以及相关法律法规，加强农民工工作时长的权益保障，提高农民工超时工作的劳动报酬，对严重损害农民工工作时间权益的用人单位予以相应惩罚；加强对农民工权益的保障力度，对于定期为农民工提供体检服务的企业，政府可以适当提供补贴予以支持；督促企业依法依规为农民工购买基本医疗保险、基本养老保险，降低农民工在就业、疾病等领域的风险冲击；政府与社会各界增加对农民工职业培训、自主创业的投入，通过提高农民工的人力资本，增强其市场竞争力与生产效率，为农民工高质量、多途径就业提供支持。

二、限制在社会生产中过度使用具有计时功能的软件或服务

在“互联网+”的背景下，各类服务软件对农民工乃至全社会从业人员的工作时间把控愈发精准，在大幅提高生产质量、为社会提供优质服务的同时，从业人员存在对自身时间的支配能力下降进而降低生活质量、损耗主观幸福感的风险。政府与社会各界应制定相关法律法规，限制在社会生产中过度使用具有计时功能的软件或服务，并积极探寻弹性工作制的方案，给农民工及其他从业人员更多自主决定工作的机会，改善农民工及其他从业人员的个体福祉。

三、支持家政服务市场的发展与家务劳动领域省时产品的研发

受传统文化、经济发展水平等因素的影响，我国家政服务市场仍有较大的发展空间。在农民工乃至全社会成员生活节奏加快、“时间荒”与“就业难”并存的背景下，发展家政服务市场并完善相关法律法规对解决“时间荒”“就业难”现象、提高农民工家庭成员主观幸福感具有重要意义。家务劳动省时产品的研发有利于将农民工从部分家务活动中分离出，解放生产力并投入到效益更高的社会生产中，提高社会、家庭效益。

四、政府与社会发挥引导作用，关注农民工业余生活，增进社会互信

政府与社会应积极引导社会舆论，增强城市的包容度，消除社会对农民工

群体的偏见；严厉打击各类失信行为，提高失信的机会成本，为建设遵纪守法与团结互助的和谐社会、增强城市的包容度奠定基础，推动农民工在城市中平等就业与生活；充分发挥社区治理机构的相关职能与优势，对农民工群体展开专项访问调查，了解农民工群体的诉求，关心其生活状况；同时，积极举办多种文化活动以丰富农民工的业余生活，增进农民工与不同群体的社会交往与互信程度，从精神、心理层面提高农民工主观幸福感。

参考文献

［1］卜庆国. 新型城镇化背景下郑州市新生代农民工城市定居意愿影响因素研究［J］. 中国农业资源与区划，2017，38（10）：138-143.

［2］蔡昉. 城市化与农民工的贡献：后危机时期中国经济增长潜力的思考［J］. 中国人口科学，2010（1）：2-10，111.

［3］蔡攀，左世江，王芳，等. 青少年暗黑人格对其幸福动机和幸福感的影响［J］. 中国特殊教育，2017（12）：60-67，82.

［4］蔡兴扬. 1990 年度人文发展报告［J］. 国际经济评论，1992（3）：13-20.

［5］陈东，张郁杨. 不同养老模式对我国农村老年群体幸福感的影响分析：基于 CHARLS 基线数据的实证检验［J］. 农业技术经济，2015（4）：78-89.

［6］陈刚，李树. 政府如何能够让人幸福？政府质量影响居民幸福感的实证研究［J］. 管理世界，2012（8）：55-67.

［7］陈惠雄，潘护林. 基于经济社会发展的幸福指标体系：构建与解释［J］. 社会科学战线，2015（3）：212-222.

［8］陈素琼，张广胜. 城市农民工家庭化迁移模式变迁及其幸福效应：基于 CGSS 数据的追踪研究［J］. 农业技术经济，2017（8）：67-80.

［9］程翠萍，黄希庭. 大学生勇气与主观幸福感的关系：一个有调节的中介模型［J］. 心理发展与教育，2016，32（4）：478-485.

［10］程名望，华汉阳. 购买社会保险能提高农民工主观幸福感吗？基于上海市 2 942 个农民工生活满意度的实证分析［J］. 中国农村经济，2020（2）：46-61.

［11］程名望，史清华，潘烜. 工作时间、业余生活与农民工城镇就业：基于上海市 1 446 个调查样本的实证分析［J］. 农业经济问题，2012，33（5）：47-52，111.

［12］崔红志. 农村老年人主观幸福感影响因素分析：基于全国 8 省（区）农户问卷调查数据［J］. 中国农村经济，2015（4）：72-80.

［13］党曦. 农民工技能培训的收入效应研究：基于珠三角与长三角调查数据的实证分析［J］. 统计与信息论坛，2015，30（6）：105-110.

［14］邓大松，杨晶. 养老保险、消费差异与农村老年人主观幸福感：基于中国家庭金融调查数据的实证分析［J］. 中国人口科学，2019（4）：43-55，127.

［15］邓敏. 社会关系、心理健康水平与老年人主观幸福感改进：基于CGSS 2015数据的实证分析［J］. 人口与发展，2019，25（3）：85-93.

［16］邓晰隆，叶子荣. 农民工主动性技能提升转型的决策逻辑分析与启示：来自上海、成都和兰州的数据实证［J］. 中国软科学，2020（3）：66-78.

［17］杜凤莲，宿景春，杨鑫尚. 家务分工与幸福感［J］. 劳动经济研究，2020，8（6）：64-86.

［18］段锦云，陈文平. 基于动态评估的取样法：经验取样法［J］. 心理科学进展，2012，20（7）：1110-1120.

［19］方黎明. 社会支持与农村老年人的主观幸福感［J］. 华中师范大学学报（人文社会科学版），2016，55（1）：54-63.

［20］费孝通. 江村经济［M］. 北京：北京大学出版社，2012.

［21］冯贺霞. 从发展的角度看幸福［D］. 武汉：武汉大学，2014.

［22］冯永琦，张天舒. 代际差异视角下农民工主观幸福感影响因素分析［J］. 人口学刊，2016，38（5）：60-69.

［23］符国群，姜海纳，张晓丹. 家务时间配置如何影响夫妻对家庭省时产品的购买［J］. 管理世界，2020，36（10）：126-139.

［24］高启杰，费佐兰. 居民个体收入、主观幸福感及影响机制［J］. 武汉大学学报（哲学社会科学版），2019，72（4）：173-184.

［25］耿晓伟，王惠萍，张峰. 主观幸福感测量研究［J］. 心理学探新，2013，33（3）：266-270.

［26］顾益康，黄冲平. 社会主义新农村建设的实践与理论思考［J］. 农业经济问题，2006（10）：29-34，80.

［27］郭鲁芳. 时间约束与休闲消费［J］. 数量经济技术经济研究，2006（2）：117-125，160.

［28］郭圣乾，唐雪. 工作压力、工作动机与农民工工作满意度的实证分析［J］. 统计与决策，2020，36（18）：58-61.

［29］郭志刚，陈功. 老年人与子女之间的代际经济流量的分析［J］. 人口研究，1998（1）：35-39.

［30］郝乐，张启望. 幸福指数及其统计测量［J］. 统计与决策，2020，

36（17）：38-42.

［31］何凌云，秦尊文. 主观幸福感、效用与社会福利［J］. 学习与实践，2019（9）：33-47.

［32］何军，李庆. 代际差异视角下的农民工土地流转行为研究［J］. 农业技术经济，2014（1）：65-72.

［33］何美金，郑英隆. 农民工的形态演变：基于中国工业化进程长期性的研究［J］. 学术研究，2007（11）：53-59.

［34］贺京同，那艺，郝身永. 决策效用、体验效用与幸福［J］. 经济研究，2014，49（7）：176-188.

［35］侯家驹. 中国经济史［M］. 北京：新星出版社，2008.

［36］胡军辉. 中国家庭家务时间配置的福利效应：基于性别差异和城乡背景的比较分析［J］. 上海财经大学学报，2015，17（6）：35-46.

［37］胡美娟，彭文波，杨允，等. 当代农民工感知社会支持、自尊和主观幸福感的关系［J］. 心理科学，2011，34（6）：1414-1421.

［38］黄庆波，萨支红. 农民工工作时间与其身心健康的关系［J］. 中国健康心理学杂志，2015，23（3）：358-362.

［39］黄祖辉，朋文欢. 对“Easterlin 悖论”的解读：基于农民工的视角［J］. 浙江大学学报（人文社会科学版），2016，46（4）：158-173.

［40］焦璨. “老漂族”领悟社会支持对主观幸福感的影响：心理弹性的中介作用［J］. 深圳大学学报（人文社会科学版），2020，37（5）：104-112.

［41］江波，刘景芝. 社会支持与农民工随迁子女生活满意度：自我认知的中介作用［J］. 南京农业大学学报（社会科学版），2016，16（4）：71-80，157.

［42］江金启，张广胜，杨肖丽. 异质性培训、技能分化与农民工的工资收入决定［J］. 农业技术经济，2016（10）：20-28.

［43］金江. 主观幸福的经济学初探［D］. 武汉：武汉大学，2010.

［44］靳小怡，任锋，任义科，等. 社会网络与农民工初婚：性别视角的研究［J］. 人口学刊，2009（4）：23-33.

［45］孔海燕，王惠萍. 优抚医院疗养对象的社会支持与幸福感的关系：心理健康的中介作用［J］. 心理与行为研究，2016，14（6）：741-748.

［46］李芳芝，向书坚. 流动人口的收入差距对主观幸福感的影响研究［J］. 统计与信息论坛，2016，31（7）：107-112.

［47］李国庆，刘学智，王馨若. PISA 青少年幸福感评价体系的构建：框架与启示［J］. 外国教育研究，2017，44（11）：55-68.

[48] 李后建. 不确定性防范与城市务工人员主观幸福感：基于反事实框架的研究 [J]. 社会，2014，34 (2)：140-165.

[49] 李路路，石磊. 经济增长与幸福感：解析伊斯特林悖论的形成机制 [J]. 社会学研究，2017，32 (3)：95-120，244.

[50] 李明艳，武岩，马贤磊. 农民工工资决定机制及性别差异研究 [J]. 浙江学刊，2017 (3)：41-49.

[51] 李强. 社会学的“剥夺”理论与我国农民工问题 [J]. 学术界，2004 (4)：7-22.

[52] 李实，杨修娜. 我国农民工培训效果分析 [J]. 北京师范大学学报(社会科学版)，2015 (6)：35-47.

[53] 李树茁，伍海霞，靳小怡，等. 中国农民工的社会网络与性别偏好：基于深圳调查的研究 [J]. 人口研究，2006 (6)：5-14.

[54] 李卫东. 流动模式与农民工婚姻稳定性研究：基于性别和世代的视角 [J]. 社会，2019，39 (6)：23-61.

[55] 李想，李秉龙. 从人类发展指数与幸福感的比较看社会发展指标的完善 [J]. 统计与决策，2009 (13)：28-30.

[56] 梁土坤. 代际延续还是适应转化：新生代农民工主观幸福感研究：基于城市适应理论的实证分析 [J]. 中国青年研究，2018 (2)：66-74.

[57] 廖志成. 提高大学毕业生就业质量的探讨 [J]. 教育评论，2005 (3)：31-34.

[58] 刘爱玉，庄家炽，周扬. 什么样的男人做家务：情感表达、经济依赖或平等性别观念？[J]. 妇女研究论丛，2015 (3)：20-28.

[59] 刘成奎，刘彻. 相对收入、预期收入与主观幸福感 [J]. 中南民族大学学报 (人文社会科学版)，2018，38 (6)：139-142.

[60] 刘传江，周玲. 社会资本与农民工的城市融合 [J]. 人口研究，2004 (5)：12-18.

[61] 刘国风，李军. 城镇居民幸福指数的准确测度：兼议提升居民整体幸福水平之见解 [J]. 河北经贸大学学报，2012，33 (6)：90-95.

[62] 刘健，刘春林，刘润刚，等. 高科技企业员工弹性工作时间的绩效研究：基于工作自主性的调节中介模型 [J]. 科技管理研究，2015，35 (19)：119-124，136.

[63] 刘锦涛，张海钟. 中学生主观幸福感及与人格特质、自我和谐的相关性 [J]. 中国心理卫生杂志，2013，27 (9)：680-681.

[64] 刘靖，毛学峰，熊艳艳. 农民工的权益与幸福感：基于微观数据的实证分析 [J]. 中国农村经济，2013 (8)：65-77.

[65] 刘泉. 中国家庭代际关系与老年男子生活幸福度 [J]. 南方人口，2014，29 (4)：35-46.

[66] 刘素华. 建立我国就业质量量化评价体系的步骤与方法 [J]. 人口与经济，2005 (6)：36-40.

[67] 刘素华. 就业质量：内涵及其与就业数量的关系 [J]. 内蒙古社会科学（汉文版），2005 (5)：125-128.

[68] 刘伟，卢家楣，李玲玲，等. 中国当代青少年生活情感现状调查研究 [J]. 心理科学，2010，33 (6)：1319-1323.

[69] 刘向东，陶涛. 幸福感评价指标体系研究：基于"幸福圈层理论"的实证分析 [J]. 中国人民大学学报，2012，26 (5)：99-107.

[70] 刘秀红. 社会性别视角下的农民工社会保险政策 [J]. 人口与经济，2009 (1)：91-96.

[71] 刘洋，陈洪岩. 大学生主观幸福感现状及与其休闲方式关系的研究 [J]. 中国高等医学教育，2013 (12)：49-50.

[72] 刘杨，李泽，林丹华. 歧视与新生代农民工主观幸福感：社会支持与自尊的中介作用 [J]. 中国临床心理学杂志，2013，21 (6)：1013-1016，1021.

[73] 卢海阳，李祖娴. 农民工人力资本现状分析与政策建议：基于福建省1 476个农民工的调查 [J]. 中国农村观察，2018 (1)：111-126.

[74] 卢海阳，杨龙，李宝值. 就业质量、社会认知与农民工幸福感 [J]. 中国农村观察，2017 (3)：57-71.

[75] 陆方文，刘国恩，李辉文. 子女性别与父母幸福感 [J]. 经济研究，2017，52 (10)：173-188.

[76] 陆铭，蒋仕卿，佐藤宏. 公平与幸福 [J]. 劳动经济研究，2014，2 (1)：26-48.

[77] 娄伶俐. 主观幸福感的经济学研究动态 [J]. 经济学动态，2009 (2)：99-104.

[78] 罗丞. 安居方能乐业：居住类型对新生代农民工市民化意愿的影响研究 [J]. 西北人口，2017，38 (2)：105-110，119.

[79] 罗楚亮. 城乡分割、就业状况与主观幸福感差异 [J]. 经济学（季刊），2006 (2)：817-840.

[80] 罗楚亮. 绝对收入、相对收入与主观幸福感：来自中国城乡住户

调查数据的经验分析［J］. 财经研究，2009，35（11）：79-91.

［81］罗忠勇. 农民工劳动权益的性别差异研究：基于珠三角3000多位农民工的调查［J］. 中国软科学，2010（2）：59-68.

［82］吕晓兰，姚先国. 农民工代际差异再研究：基于工资决定和留城意愿的视角［J］. 经济与管理研究，2014（9）：32-42.

［83］马汴京. 性别失衡、大龄未婚与男性农民工幸福感［J］. 青年研究，2015（6）：65-73，93.

［84］马万超，王湘红，李辉. 收入差距对幸福感的影响机制研究［J］. 经济学动态，2018（11）：74-87.

［85］马志雄，张银银，丁士军. 失地女性就业弱势地位及其影响因素的实证分析：基于江西九江、湖北襄阳的微观调查数据［J］. 经济经纬，2018，35（3）：32-37.

［86］毛哲山. 农民工阶层的特征与流动：一个制度分析视角［J］. 农村经济，2016（5）：23-29.

［87］梅锦荣. 老年心理健康的性别差异［J］. 中国临床心理学杂志，1995（4）：193-195，204，255.

［88］孟万金，苗小燕，官群，等. 中国中小学生家庭幸福感量表编制［J］. 教育研究与实验，2020（3）：91-96.

［89］聂伟. 就业质量、生活控制与农民工的获得感［J］. 中国人口科学，2019（2）：27-39，126.

［90］聂伟，风笑天. 就业质量、社会交往与农民工入户意愿：基于珠三角和长三角的农民工调查［J］. 农业经济问题，2016，37（6）：34-42，111.

［91］潘毅，卢晖临，严海蓉，等. 农民工：未完成的无产阶级化［J］. 开放时代，2009（6）：5-35.

［92］潘泽泉，林婷婷. 劳动时间、社会交往与农民工的社会融入研究：基于湖南省农民工“三融入”调查的分析［J］. 中国人口科学，2015（3）：108-115，128.

［93］彭长生，杨国才. 区际产业转移背景下中部地区劳动力跨省流动趋势及代际差异：基于安徽省的调查数据［J］. 农业经济问题，2014，35（3）：48-55，111.

［94］戚迪明，张乐明，汪本学，等. 新生代农民工婚恋选择对其城市定居意愿的影响：基于性别与城市的比较［J］. 湖南农业大学学报（社会科学版），2017，18（2）：49-55.

［95］钱穆. 中国经济史［M］. 北京：北京联合出版公司，2013.

［96］钱文荣，卢海阳. 农民工人力资本与工资关系的性别差异及户籍地差异［J］. 中国农村经济，2012（8）：16-27.

［97］秦建国. 大学生就业质量评价体系探析［J］. 中国青年研究，2007（3）：71-74.

［98］丘海雄，李敢. 国外多元视野“幸福”观研析［J］. 社会学研究，2012，27（2）：224-241，246.

［99］屈小博. 培训对农民工人力资本收益贡献的净效应：基于平均处理效应的估计［J］. 中国农村经济，2013（8）：55-64.

［100］任海燕. 经济学视角下的中国幸福研究［D］. 上海：华东师范大学，2012.

［101］人口和就业统计司课题组，贾毓慧，冯帅章. 中国城镇就业质量指数研究［J］. 调研世界，2020（6）：10-15.

［102］任杰，金志成，何慧. 日重现法在城市居民主观幸福感测量中的应用［J］. 心理科学，2010，33（5）：1266-1269.

［103］闰丙金. 收入、社会阶层认同与主观幸福感［J］. 统计研究，2012，29（10）：64-72.

［104］申鹏，凌玲. 代际禀赋视角下的农民工消费行为研究：以贵州省贵阳市为例［J］. 农村经济，2014（2）：35-40.

［105］沈立人. 推进农村劳动力的合理有序流动［J］. 市场周刊（财经论坛），2003（7）：4-6.

［106］沈清清，蒋索. 青少年的生命意义感与幸福感［J］. 中国心理卫生杂志，2013，27（8）：634-640.

［107］盛光华，张天舒. 新生代农民工主观幸福感影响因素的识别与分析［J］. 青年研究，2015（6）：55-64，92-93.

［108］施磊磊. 青年农民工婚恋观念、行为、模式及其变迁历程：对青年农民工婚恋研究文献的一项检视［J］. 青年探索，2015（6）：75-80.

［109］石丹淅，赖德胜，李宏兵. 新生代农民工就业质量及其影响因素研究［J］. 经济经纬，2014，31（3）：31-36.

［110］石智雷，彭慧. 工作时间、业余生活与农民工的市民化意愿［J］. 中南财经政法大学学报，2015（4）：12-21.

［111］宋广文，何云凤，丁琳，等. 有留守经历的中学生心理健康、心理弹性与主观幸福感的关系［J］. 中国特殊教育，2013（2）：87-91.

[112] 孙晓冬，赖凯声．子女性别与老年人主观幸福感［J］．青年研究，2020（5）：14-23，94.

[113] 孙玉栋，梅正午．医疗保险对居民主观幸福感的影响研究：基于京津冀地区的实证分析［J］．中国特色社会主义研究，2019（6）：19-27.

[114] 苏岚岚，彭艳玲，孔荣．农民创业能力对创业获得感的影响研究：基于创业绩效中介效应与创业动机调节效应的分析［J］．农业技术经济，2016（12）：63-75.

[115] 苏勇．基于日重现法的教师幸福感研究［J］．教育研究，2014，35（11）：113-118.

[116] 唐海朋，曹晓君，郭成．自主对教师职业幸福感的影响：工作投入的中介作用［J］．教师教育研究，2016，28（1）：55-60.

[117] 田国强，杨立岩．对"幸福—收入之谜"的一个解答［J］．经济研究，2006（11）：4-15.

[118] 田丽丽．青少年学校幸福感量表的编制［J］．心理发展与教育，2008（3）：100-106.

[119] 田丽丽，刘旺．青少年学校幸福感及其与能力自我知觉、人格的关系［J］．心理发展与教育，2007（3）：44-49.

[120] 田志鹏，刘勇，滕召军．中学生无聊倾向特点及其与自恋、主观幸福感的关系［J］．中国临床心理学杂志，2014，22（6）：1062-1067.

[121] 孙小龙，王丽明，贾伟．农民工返乡定居意愿及其影响因素分析：基于上海、南京、苏州等地农民工的调研数据［J］．农村经济，2015（10）：101-105.

[122] 王成光，刘笔利，王立平．论亚里士多德的幸福观及其当代意义［J］．四川大学学报（哲学社会科学版），2010（2）：34-38.

[123] 王春光．新生代农村流动人口的社会认同与城乡融合的关系［J］．社会学研究，2001（3）：63-76.

[124] 王钢，张大均，吴明霞．中学生自尊与主观幸福感：学业自我的中介作用［J］．心理与行为研究，2011，9（4）：291-296.

[125] 王广慧，徐桂珍．教育：工作匹配程度对新生代农民工收入的影响［J］．中国农村经济，2014（6）：66-73，96.

[126] 王红．中国老年人主观幸福感研究：缘起、现状与方向［J］．西北人口，2015，36（1）：62-66.

[127] 王积超，闫威．相对收入水平与城市居民获得感研究［J］．中央

财经大学学报，2019（10）：119-128.

［128］王磊. 城市第一代独生子女老年父母的家庭幸福感及影响因素［J］. 人口与发展，2018，24（5）：33-41.

［129］王鲁宁. 马克思主义幸福观的当代建构与现实性阐释：关于推进马克思主义幸福理论体系建设的若干思考［J］. 东岳论丛，2015，36（7）：135-142.

［130］王美芳，孟庆晓，刘莉，等. 家庭社经地位与初中生主观幸福感的关系：母亲自主支持和控制的作用［J］. 中国临床心理学杂志，2015，23（5）：778-781，777.

［131］王绍芳，王岚，石学军. 关注就业技能提升对新生代农民工市民化的重要作用［J］. 经济纵横，2016（8）：47-50.

［132］王维国，周闯. 城镇居民就业性别差异的分解及区域比较［J］. 统计研究，2014，31（2）：43-48.

［133］王文龙. 再论农民的幸福感问题［J］. 西南大学学报（人文社会科学版），2007（1）：116-119.

［134］王心蕊，孙九霞. 城市居民休闲与主观幸福感研究：以广州市为例［J］. 地理研究，2019，38（7）：1566-1580.

［135］王玉龙，彭运石，姚文佳. 农民工收入与主观幸福感的关系：社会支持和人格的作用［J］. 心理科学，2014，37（5）：1220-1224.

［136］王玥. 家庭社会经济地位对青少年主观幸福感的影响：家庭教育支持的中介作用［J］. 教育科学研究，2016（9）：52-58.

［137］魏翔. 休闲经济理论研究现状及未来方向［J］. 学海，2018（5）：210-216.

［138］魏翔，吕腾捷. 闲暇时间经济理论研究进展［J］. 经济学动态，2018（10）：131-144.

［139］温忠麟，张雷，侯杰泰，等. 中介效应检验程序及其应用［J］. 心理学报，2004，（5）：614-620.

［140］吴传琦，张琪. 工资对个人劳动供给的非线性影响：部门市场化程度差异视角［J］. 南方经济，2021（4）：18-36.

［141］吴传琦，张琪. 工资对劳动力时间安排影响的性别差异研究：基于“工作—家庭”视角［J］. 调研世界，2019（5）：3-10.

［142］吴捷. 老年人社会支持、孤独感与主观幸福感的关系［J］. 心理科学，2008（4）：984-986，1004.

［143］吴凌菲. 基于休闲方式的城市居民休闲满意度研究［J］. 统计与

决策，2013（24）：146-148.

[144] 吴士炜，汪小勤. 基于Sen可行能力理论测度中国社会福利指数[J]. 中国人口·资源与环境，2016，26（8）：49-55.

[145] 吴伟炯. 工作时间对职业幸福感的影响：基于三种典型职业的实证分析[J]. 中国工业经济，2016（3）：130-145.

[146] 谢东虹. 工作时间与收入水平对新生代农民工市民化意愿的影响：基于2015年北京市的调查数据[J]. 调研世界，2016（3）：22-25.

[147] 谢小青，吕珊珊. 贫困地区农村剩余劳动力转移就业质量实证研究：以鄂西为例[J]. 中国软科学，2015（12）：63-74.

[148] 熊猛，叶一舵. 城市农民工子女社会支持与主观幸福感的关系：自尊的中介与调节作用[J]. 中国特殊教育，2013（6）：79-86.

[149] 邢占军.测量幸福:主观幸福感测量研究[M]. 北京：人民出版社，2005.

[150] 邢占军. 中国城市居民主观幸福感量表的编制研究[D]. 上海：华东师范大学，2003.

[151] 许玲丽，周亚虹，徐琳玲，等. 休闲方式你选对了吗？基于主观幸福感的研究[J]. 上海财经大学学报，2017，19（6）：46-59.

[152] 许敏兰. 我国不同类型老年人幸福感的比较研究[D]. 青岛：山东大学，2019.

[153] 徐广路，沈惠璋，李峰. 不同代际农民外出务工对其幸福感影响的比较研究[J]. 西南大学学报（社会科学版），2016，42（2）：113-121.

[154] 徐慧，梁捷，赖德胜. 返乡农民工幸福度研究：外出务工经历的潜在影响[J]. 财经研究，2019，45（3）：20-33.

[155] 徐文健，冯廷勇. 留守年龄对留守儿童主观幸福感的影响：人格的中介作用[J]. 西南大学学报（社会科学版），2017，43（3）：95-102.

[156] 闫静，彭代彦. 家庭养老与国民幸福：基于《中国综合社会调查（CGSS）》数据的实证分析[J]. 西北人口，2019，40（1）：103-116.

[157] 杨金龙，王桂玲. 农民工工作获得感：理论构建与实证检[J]. 农业经济问题，2019（9）：108-120.

[158] 杨楹. 马克思哲学的最高价值诉求："人民的现实幸福"[J]. 哲学研究，2012（2）：9-12.

[159] 叶静怡，张睿，王琼. 农民进城务工与子女教育期望：基于2010年中国家庭追踪调查数据的实证分析[J]. 经济科学，2017（1）：90-105.

[160] 叶婷，吴慧婷. 低家庭社会经济地位与青少年社会适应的关系：

感恩的补偿和调节效应［J］. 心理学探新，2012，32（1）：61-66.

［161］尤亮，杨金阳，霍学喜. 绝对收入、收入渴望与农民主观幸福感：基于陕西两个整村农户的实证考察［J］. 山西财经大学学报，2019，41（3）：16-30.

［162］于飞，王会强. 基于多维测度的河北省居民幸福指数因素分析［J］. 统计与管理，2014（11）：37-39.

［163］曾迪洋，洪岩璧. 城镇化背景下劳动力迁移对农民工幸福感的影响［J］. 南京农业大学学报（社会科学版），2016，16（6）：49-60，153-154.

［164］占绍文，杜晓芬. 农民工文化消费现状调查［J］. 城市问题，2014（5）：68-73.

［165］张波，周恩毅. 新生代农民工幸福感影响因素与对策研究［J］. 浙江社会科学，2017（1）：146-154，160.

［166］张敦福. 城市农民工的边缘地位［J］. 青年研究，2000（9）：20-23.

［167］张敦福. 城市相对贫困问题中的特殊群体：城市农民工［J］. 人口研究，1998（2）：50-53.

［168］张峰，耿晓伟. 基于日重现法的农村居民幸福感研究：情感体验的视角［J］. 心理与行为研究，2015，13（3）：391-396.

［169］张华初. 流动人口主观幸福感的影响因素：以广州市为例［J］. 城市问题，2014（10）：90-95.

［170］张锦华，胡军辉. 城乡差别对中国居民家庭时间配置的影响：以家务劳动时间为例［J］. 中国人口科学，2012（6）：83-92，112.

［171］张锦华，王雅丽，伍山林. 教育对农民工工资收入影响的再考察：基于 CHIP 数据的分析［J］. 复旦教育论坛，2018，16（2）：68-74.

［172］张金萍，吴坊，罗恒. 农民工职业教育和技能培训是经济社会发展的长期支撑［J］. 宏观经济管理，2020（9）：18-20.

［173］张抗私，李善乐. 我国就业质量评价研究：基于 2000—2012 年辽宁宏观数据的分析［J］. 人口与经济，2015（6）：62-72.

［174］张琪，吴传琦. 工资水平对劳动力工作时间投入影响的性别差异：基于 CLDS（2016）数据的实证分析［J］. 人口与经济，2019（4）：1-13.

［175］张琼. 农民工工资性别差异的实证研究：基于珠江三角洲和长江三角洲的问卷调查［J］. 广东社会科学，2013（3）：213-220.

［176］张瑞平，李庆安. 大学生人格特质与主观幸福感的关系：儒家心理资产的中介作用［J］. 心理科学，2017，40（3）：657-663.

［177］张彤进，万广华. 机会不均等、社会资本与农民主观幸福感：基于

CGSS 数据的实证分析 [J]. 上海财经大学学报, 2020, 22 (5): 94-108.

[178] 张伟, 胡仲明, 李红娟. 城市老年人主观幸福感的影响因素分析 [J]. 人口与发展, 2014, 20 (6): 71-75.

[179] 张兴贵, 何立国, 贾丽. 青少年人格、人口学变量与主观幸福感的关系模型 [J]. 心理发展与教育, 2007 (1): 46-53.

[180] 张兴贵, 郑雪. 青少年学生大五人格与主观幸福感的关系研究 [J]. 心理发展与教育, 2005 (2): 98-103.

[181] 张秀敏, 李为群, 刘莹圆. 社区老年人主观幸福感现状及影响因素分析 [J]. 人口学刊, 2017, 39 (3): 88-96.

[182] 张译文, 姚植夫. 性别差异视角下新生代农民工进城务工风险与收益: 基于西北四省的调研数据 [J]. 农村经济, 2012 (10): 108-111.

[183] 张义祯. 农村老年妇女主观幸福感及其影响因素研究 [J]. 东南学术, 2010 (5): 168-176.

[184] 张银普, 石伟, 骆南峰, 等. 经验取样法在组织行为学中的应用 [J]. 心理科学进展, 2017, 25 (6): 943-954.

[185] 张毓龙, 刘超捷. 农民工职业培训: 教育的积极补偿 [J]. 南通大学学报 (社会科学版), 2020, 36 (6): 123-128.

[186] 周世军, 史顺超, 黄金秋. 基于广义有序模型的 "Easterlin 悖论" 验证 [J]. 统计与决策, 2019, 35 (13): 9-14.

[187] 周悦, 王利刚, 陶婷, 等. 农民社会支持和希望与主观幸福感的关系 [J]. 中国心理卫生杂志, 2019, 33 (4): 307-311.

[188] 朱慧劼, 风笑天. 代际差异视角下就业质量与农民工的精神健康 [J]. 经济体制改革, 2019 (2): 92-98.

[189] 朱玲. 农村迁移工人的劳动时间和职业健康 [J]. 中国社会科学, 2009 (1): 133-149, 207.

[190] 祝仲坤, 陶建平, 冷晨昕. 迁移与幸福 [J]. 南方经济, 2019 (3): 90-110.

[191] 宗成峰, 朱启臻. 农民工生存状况实证分析: 对南昌市 897 位样本农民工的调查与分析 [J]. 中国农村观察, 2007 (1): 47-52, 81.

[192] ADLER M D. Happiness surveys and public policy: what´s the use? [J]. Duke Law Journal, 2013, 62 (8): 1509-1601.

[193] AGUIAR M, HURST E. Measuringtrends in leisure: the allocation of time over five decades [J]. Research Review, 2006 (5): 10-13.

[194] ANDREW E C, PAUL F, MICHAEL A S. Relative income, happiness, and utility: an explanation for the easterlin paradox and other puzzles [J]. Journal of Economic Literature, 2008, 46 (1): 95-144.

[195] ANDREWS F M, WITHEY S B. Social indicators of well-being: american' s perceptions of life quality [M]. New York: Plenum Press, 1976.

[196] ANGUS D. Income, health, and well-being around the world: evidence from the gallup world poll [J]. Journal of Economic Perspectives, 2008, 22 (2): 53-72.

[197] BARON R M, KENNY D A. The moderator mediator variable distinction in social psychological research: conceptual, strategic, and statistical considerations [J]. Journal of Personality and Social Psychology, 1986, 51 (6): 1173-1182.

[198] BEARD J G, RAGHEB M G. Measuring leisure satisfaction [J]. Journal of Leisure Research, 1980, 12 (1): 20-33.

[199] BECK A T. Depression: clinical, experimental, and theoretical aspects [M]. New York: Harper & Row, 1967.

[200] BECKER G A. Treatise on the family [M]. Cambridge: Harvard University Press, 1981.

[201] BJORNSKOV C, DREHER A, FISCHER J A V. The bigger the better? evidence of the effect of government size on life satisfaction around the world [J]. Public Choice, 130 (3): 267-292.

[202] BLOOM D E, CANNING D. Policy forum: public health. the health and wealth of nations [J]. Science, 2000, 287 (5456): 1207, 1209.

[203] BRADBURN N. The structure of psychological well-being [M]. Chicago: Aldine, 1969.

[204] BRUNO S F, ALOIS S. What can economists learn from happiness research? [J]. Journal of Economic Literature, 2002, 40 (2): 402-435.

[205] BRUNO S F. Giving and receiving awards [J]. Perspectives on Psychological Science, 2006, 1 (4): 377-388.

[206] CLOGG C C, PETKOVA E, SHIHADEH E S. Statistical methods for analyzing collapsibility in regression models [J]. Journal of Educational Statistics, 1992, 17 (1): 51-74.

[207] COAD A, BINDER M. Causal linkages between work and life satisfaction and their determinants in a structural VAR approach [J]. Papers on Economics and Evolution, 2014, 124 (2): 263-268.

[208] COSTA P T, MCCRAE R R. Influence of extraversion and neuroticism on subjective well-being: happy and unhappy people [J]. Journal of Personality & Social Psychology, 1980, 38 (4): 668-678.

[209] CSIKSZENTMIHALYI M, LARSON R, PRESCOTT S. The ecology of adolescent activity and experience [J]. Journal of Youth & Adolescence, 1977, 6 (3): 281-294.

[210] DANIEL K. New challenges to the rationality assumption [J]. Legal Theory, 1997, 3 (2): 105-124.

[211] DANIEL K, ALAN B K, DAVID A S, et al. A survey method for characterizing daily life experience: the day reconstruction method [J]. Science, 2004, 306 (5 702): 1776-1780.

[212] DAVID E B, DAVID C. The health and wealth of nations [J]. Science, 2000, 287 (5456): 1207-1209.

[213] DAVID G B, ANDREW J O. Well-being over time in Britain and the USA [J]. Journal of Public Economics, 2004, 88 (7): 1359-1386.

[214] DAVIS L N, DAVIS J D, HOISL K. Spanning the home/work creative space: leisure time, hobbies and organizational creativity [J]. Academy of Management Annual Meeting Proceedings, 2014, 2014 (1): 13376-13376.

[215] DIENER E. Subjective well-being [J]. Psychological Bulletin, 1984, 95 (3): 542-575.

[216] DIENER E, EMMONS R A, LARSEN R J, et al. The satisfaction with life scale [J]. Journal of Personality Assessment, 1985, 49 (1): 71-75.

[217] DROBNIC, BEHAM B, PRÄG P. Good job, good life? working conditions and quality of life in Europe [J]. Social Indicators Research, 2010, 99 (2): 205-225.

[218] GOLDBERG, LEWIS R. The development of markers for the big-five factor structure [J]. Psychological Assessment, 1992, 4 (1): 26-42.

[219] HECTOR P, MADRID, MALCOLM G P, et al. The role of weekly high activated positive mood, context, and personality in innovative work behavior: a multilevel and interactional model [J]. Journal of Organizational Behavior, 2014, 35 (2): 234-256.

[220] HEINTZMAN P, MANNELL R C. Spiritual functions of leisure and spiritual well-being: coping with time pressure [J]. Leisure sciences, 2003, 25 (2-

3): 207-230.

[221] HELLER K, THOMPSON M G, VLACHOS W I, et al. Support interventions for older adults: confidante relationships, perceived family support, and meaningful role activity [J]. American Journal of Community Psychology, 1991, 19 (1): 139-146.

[222] HERSCH J, LESLIE S. Housework, wages, and the division of housework time for employed spouses [J]. The American Economic Review, 1994, 84 (2): 120-125.

[223] JUDD C M, KENNY D A. Process analysis: estimating mediation in treatment evaluations [J]. Evaluation Review, 1981, 5 (5): 602-619.

[224] KNIGHT F H. Cost of production and price over long and short periods [J]. Journal of Political Economy, 1921, 29 (4): 304-335.

[225] KOZMA A, STONES M J. The measurement of happiness: development of the memorial university of new found land scale of happiness (MUNSH) [J]. Journal of gerontology, 1980, 35 (6): 906-912.

[226] KRAUSE N. Received support, anticipated support, social class, and mortality [J]. Research on Aging, 1997, 19 (4): 387-422.

[227] LADRÓN D G A. ORTIGUEIRA S, SANTOS M S. Equilibrium dynamics in two-sector models of endogenous growth [J]. Journal of Economic Dynamics and Control, 1997, 21 (1): 115-143.

[228] LECHNER M. Long-run labor market and health effects of individual sports activities [J]. Journal of Health Economics, 2009, 28 (4): 839-854.

[229] LIANG, JERSEY K, NEAL, et al. Social exchange and well-being: is giving better than receiving? [J]. Psychology and Aging, 2001, 16 (3): 511-523.

[230] LONG, JAMES E, CAUDILL, et al. The impact of participation in intercollegiate athletics on income and graduation [J]. The Review of Economics and Statistics, 2001, 73 (3): 525-531.

[231] LU L, ARGYLE M. Leisure satisfaction and happiness as a function of leisure activity [J]. The Kaohsiung Journal of Medical Sciences, 1994, 10 (2): 89-96.

[232] LUO L, GILMOUR R. Culture and conceptions of happiness: individual oriented and social oriented SWB [J]. Journal of Happiness Studies, 2004, 5 (3): 269-291.

[233] MEEHAN M P, DURLAK J A, BRYANT F B. The relationship of social

support to perceived control and subjective mental health in adolescents [J]. Journal of Community Psychology, 1993, 21 (1): 49-55.

[234] MINCER J. On-the-job training: costs, returns, and some implications [J]. Journal of Political Economy, 1962, 70 (5): 50-79.

[235] NG T W H, FELDMAN. Longwork hours: a social identity perspective on meta-analysis data [J]. Journal of Organizational Behavior, 2008, 29 (7): 853-880.

[236] NIALL B, ANGELINA D, ESHKOL R. Diary methods: capturing life as it is lived [J]. Annual Review of Psychology, 2003, 54 (1): 579-616.

[237] OSWALD, ANDREW J. Happiness and economic performance [J]. The Economic Journal, 1997, 107 (445): 1815-1831.

[238] PAULHUS D L, WILLIAMS K M. The dark triad of personality: narcissism, machiavellianism, and psychopathy [J]. Journal of Research in Personality, 2002, 36 (6): 556-563.

[239] PASSMORE A, FRENCH D. Development and administration of a measure to assess adolescents´ participation in leisure activities [J]. Adolescence, 2001, 36 (141): 67.

[240] PIGOU A C. The effect of reparations on the ratio of international interchange [J]. Economic Journal, 1932, 42 (168): 532-543.

[241] PINA D L, BENGTSON V L. The division of household labor and wives´ happiness: ideology, employment, and perceptions of support [J]. Journal of Marriage and the Family, 1993, 55 (4): 901-912.

[242] PODOR M, HALLIDAY T J. Health status and the allocation of time [J]. Health Economics, 2012, 21 (5): 514-527.

[243] PUTNAM R D, LEONARDI R, NANETTI R Y. Making democracy work: civic traditions in modern italy [M]. Princeton: Princeton University Press, 1994.

[244] ROOTH D O. Work out or out of work: the labor market return to physical fitness and leisure sports activities [J]. Labour Economics, 2011, 18 (3): 399-409.

[245] ROSENBAUM P R , ROBIN D B. The central role of the propensity score in observational studies for causal effects [J]. Biometrika, 1983, 70 (1): 41-55.

[246] RYFF C D. Happiness is everything, or is it? explorations on the meaning of psychological well-being [J]. Journal of Personality & Social Psychology, 1989, 57 (6): 1069-1081.

[247] SOBEL M E. Direct and indirect effects in linear structural equation mod-

els [J]. Sociological Methods & Research, 1987, 16 (1): 155-176.

[248] SCHULTZ T. Testing the neoclassical model of family labor supply and fertility [J]. The Journal of Human Resources, 1990, 25 (4): 599-634.

[249] VEENHOVEN R. Conditions of happiness [M]. Berlin: Springer, Dordrecht, 1984.

[250] SHELTON B A, JOHN D. The division of household labor [J]. Annual Review of Sociology, 1996, (22): 299-322.

[251] SPENCE J R, FERRIS D L, BROWN D J, et al. Understanding daily citizenship behaviors: a social comparison perspective [J]. Journal of Organizational Behavior, 2011, 32 (4): 547-571.

[252] SPIERS A, WALKER G J. The effects of ethnicity and leisure satisfaction on happiness, peacefulness, and quality of life [J]. Leisure Sciences, 2008, 31 (1): 84-99.

[253] SULDO, SHANNON M. Teacher support and adolescents' subjective well-being: a mixed-methods investigation [J]. School Psychology Review, 2009, 38 (1): 67-85.

[254] WANG M, WONG M C S. A snapshot of happiness and leisure across countries: evidence from international survey data [J]. Journal of Happiness Studies, 2011, 15 (1): 85-118.